ENTREPRENEURIAL GUERRILLA WARFARE

胜者为王，创业其实如打仗
神出鬼没，随机应变游击战

布 衣◎编著

创业游击战

中国言实出版社

图书在版编目(CIP)数据

创业游击战 / 布衣编著.

—北京:中国言实出版社, 2011.9

ISBN 978-7-80250-590-2

Ⅰ. ①创…

Ⅱ. ①布…

Ⅲ. ①企业管理—通俗读物

Ⅳ. ①F270-49

中国版本图书馆CIP数据核字(2011)第175580号

出版发行 中国言实出版社

地　址：北京市朝阳区北苑路180号加利大厦5号楼105室

邮　编：100101

电　话：64924716（发行部）　64924735（邮　购）

64924880（总编室）　64963106（五编部）

网　址：www.zgyscbs.cn

E-mail：zgyscbs@263.net

经　　销 新华书店

印　　刷 北京毅峰迅捷印刷有限公司

版　　次 2012年1月第1版　2012年1月第1次印刷

规　　格 710毫米×1000毫米　1/16　17.5印张

字　　数 220千字

定　　价 35.00元　　ISBN 978-7-80250-590-2/F•372

前　言

行动起来，打一场漂亮的游击战

有一天，在纽约的时代广场——这个全球商业中心的上空，一个叫理查德·布兰森的家伙光着身子悬挂在钢丝绳上。更刺激的是，钢丝绳拴在纽约一座摩天大楼上，在半空中晃动。时代广场附近的道路交通阻塞，所有的过往行人无不驻足观看。

观看者可能还不知道，上面这位布兰森先生是原版音像公司的总裁，他是想通过这样的惊人之举将自己的产品推向市场，他所采取的就是游击战术——引起巨大轰动。因为古巴游击战大师切·格瓦拉说过，游击战就是用兵要引起轰动效果。为了能够在与对手的竞争当中取得先机，商家不惜采取任何可以打动人心的手段，而企业竞争中采用过去军事领域中所运用的战略战术已经成为越来越多的企业的共识。

我们试想一下，用现代战争当中的游击战的战略思想和战术指导模式来指引创业会是一种什么样的结果?就像我们从另外一个有意思的角度来看待熟视无睹的事物一样，肯定会有不一样的收获!

从古到今的战争史上，用游击战的战略战术取得胜利的例子不胜枚举，其实如果我们把自己的目光放到当今的商界和经营领域，就会发现，企业家们在创业的过程中所采取的竞争谋略与历史上军事家们所采取的战略战术有许多相同或相似的地方。

就拿本书所涉及的创业游击战来说吧，最简单和常见的例子就是，一些实力和水平都很有限的公司，当它们想要进入到一个比较成熟的领域的时候，往往避开实力强大、有很大规模的大型公司所在的区域或市场，而是寻找一些边缘性的小缝隙进入，并先占领一些空白的市场地带——比如农村或城乡结合地区，并且在实力有所扩展后，再逐步向城里的市场进发，慢慢扩大，低姿态发展。这样的小公司在我们的日常公司里几乎随处可见，我们换一个角度想想，这些小公司多像过去的游击部队！

再看看他们平常所采取的进入市场的策略，看看他们与强大的对手周旋的情形，会发现这些小型公司如果它们的创业者能力很强的话，它们会在与大型公司的竞争当中并不总是处于下风的位置。这里面的原因有很多。但这些聪明的决策者采取了正确的战略战术是其中最关键的因素。

所以，为什么现在的企业家们都喜欢看古代的兵法著作？为什么一些过去只是在军事领域里才出现的名词现在屡屡用在了当今管理领域？这些都是因为古今中外战争中的精华思想是可以而且应当运用到当今的管理和经营领域的。

作为本书所讨论的用游击战战术来观察和思考当今创业者怎样面对经营和竞争的话题来说，我们所拥有的武器——观察问题的方法，更多的还是现代战争理论当中关于游击战的理论精华，用这样的理论角度来看待现在企业经营、竞争乃至职场当中出现的问题，我们会得出很多非常有创见的结论，这样的结论对于企业界人士、对于各级管理人士以及那些为自己的成功而不懈努力的职场人士来说，都是非常有益的。

第一章　游击战，初创企业的最佳选择

第二章　敌进我退，敌退我进，立于不败之地

第三章　兵贵神速，速战速决

第四章　知己知彼，创业成功大前提

第五章 出奇制胜，攻其不备

第六章 知人善任，能者为将

第七章 市场奇诡，随机应变，顺势而为

第八章 细节决定成败

第一章　游击战，初创企业的最佳选择

对于小公司来说，虽然有着明确的目标，但不是为了成功，而是为了存活。无异于军事斗争中的两大要义——进攻、防守。坦克既有钢铁盔甲，又有机枪炮弹，是防守、进攻兼备的最好武器。企业就要学会成为一辆坦克，既要抓住机遇迅速扩张，又要稳健管理，不至于资金链断裂。

创业
游击战

一、初创企业选择阵地战，如同以卵击石

企业初创时期，规模较小，资金较少，人手较少，因此，不适合选择非常消耗精力和实力的阵地战。

阵地战是，军队在相对固定的战线上，进行阵地攻防的作战形式。包括坚固阵地攻防作战，野战阵地攻防作战，城市和海岸、海岛的攻防作战等。阵地战是一种基本的作战形式。古代战争中，防御者常依托深沟高垒的要塞和筑垒城市抵御对方的进攻，迫使进攻者长期围城和进行强攻。现代战争中，防御一方通常纵深配置兵力，组织完整的防御体系，构筑坚固工事，结合反冲击、反突击等攻势行动，消耗攻方力量，阻止攻方进攻，为转入反攻和进攻创造条件。

在中国历史上，中国人民解放军所进行的阵地战，多有为运动战创造条件的特点，如辽沈战役中的塔山阻击战，既直接保障锦州攻坚战，又辅助运动战。在未来战争中，阵地攻防作战将更加激烈、复杂。

首先，我们分析一个运用阵地战比较成功的例子：用友软件正是在以“阵地战”的形式推动ERP普及运动。但用友之所以成功，主要还是由于它在使用阵地战的时候是一个规模相对较大的、市场份额也比较大的成熟企业。

2006年9月15日，深圳机场、深南大道、承运大巴、五洲酒店等都是用友的旗帜、广告牌、条幅，而在属于用友的北京、上海、深圳的多块路牌上，也早换成了年会的广告宣传内容。事实上，在竞争对手门前如此大造声势，这已不是第一次，2005年用友在杭州的用户大会已经有过成功演练。

其实，不只是宣传推广造势，用友已经在市场、渠道、产品、管理、技术等不同领域，树旗帜、谋战略、挖战壕、储备武器、不断攻城略地，打下一场又一场的阵地战。

王文京多次谈到这样一场运动对于中国ERP乃至中国经济的意义，而这也不仅是他个人强调的，业界对这场普及化运动亦给予高度的评价。有关专家认为：用友的ERP普及行动对中国ERP的发展起到了巨大的推动作用，主要表现在两方面：一是，对用户普及了ERP的理念，并让他们充分接受了ERP理念；二是，统一了产业界的认识。作为业界最大的厂商，用友对ERP普及时代来临的证明和阐述，使厂商们开始一致推广ERP。

不过，用友之所以不遗余力地推动这场耗时长久的运动，在体现用友作为领导厂商风范的同时，也毫无疑问地说明其对用友发展的重要性。“这一具有领导风范的策略，进一步使用友在业界的领导地位真正得到了确认；此外，开创了ERP新的营销和交付模式，即体验式营销和‘标准、行业、个性’的大规模交付模式。”专家这样分析。

这场运动已经为用友实施“阵地战”战略树起了一面目标明确的旗帜。在这面旗帜的号召和辉映下，用友更方便快捷地占领区域，获得用户，推广形象，销售产品。

无论是从当年的收入情况，还是市场占有、企业规模等各方面，用友在行业内的领导地位越来越稳固。根据IDC的最新调查，用友现在是亚太本土(不包括日本)最大的软件提供商。如果包括日本用友是第二，同时用友也是中国最大的管理软件、财务软件的供应商。

2006年6月，易观国际对中国ERP市场的主要厂商进行综合排名，用友软件以9.1166分的综合能力得分（满分10分）在国内EPR市场排名第一。

而取得“阵地战”胜利的关键在于用友坚持各个方面的创新——思想创新、战略创新、商业模式创新、技术创新等等，也正是创新正在成就用友“世界级软件企业”梦想的实现。

一个企业的未来前景是否高远，很大程度上取决于企业领导人的思想深度。王文京重掌用友CEO以来最大的创新就体现在思想上，具体而言，那就是他在中国ERP发展到一定的历史阶段，适时地提出并推动了一场运动——ERP普及运动。

更为重要的是，普及化运动不仅是用友的一个商业计划，而是把它当作事业来对待，因为推动ERP在中国的普及具有很大社会意义，可以规模的提升中国企业的竞争力，从而提高中国经济的竞争力。ERP“普及化”的成功标志也相当高：大型企业已经全面应用，中型企业70%以上在应用，中小企业应该50%在应用。

为什么企业初创时期使用阵地战是在以卵击石呢？首先看一个实例，新卖场促销管理设计，一场持久的市场阵地战，却得不到期望的效果。

当今商业时代，各种业态都呈现出一派繁荣的经营景象，为能够更好的抢夺市场地盘，获取更多的产品销售份额，还是出于其他什么推广的目的，新卖场的商家们总要挖空心思、搜肠刮肚地寻找所谓的噱头和创意，不管是否和卖场的营销战略拓展计划吻合对接与否，就匆忙地拿着手中的“针线活”开始策划、设计和发布并传播促销的信息，从促销的外表来看，创意和设计确实光鲜无比有声有色，折扣什么的也低得让人有些购买的欲望和冲动。

你可以每天都看到促销活动层出不穷的新颖创意出台，搭顺风车的有之、借势造势的有之、借事造势的有之、恶搞的有之、色诱的有之……形形色色五花八门，目的却只有一个，把消费者手中的钞票、兜里的真金白银给套现出来，成为自己手中可为周转使用的流动资金或固定资产，与此同时，渴望获得稳定的客户源。

但是，有哪家新开张的卖场和商业营业场所真的在促销这场市场阵地战中既赢得了利润，又得到了消费者难得一见的忠诚心扉？恐怕没有那个人敢说自己刚刚开始营业的卖场两者兼得了！

我们的卖场和商业场所的经营和管理者们依旧固守着程咬金式的促销三板斧——“打折、甩卖、买赠送”，单一的线型促销手段，已经在当下市场里很难奏效，更别说赢得消费者们的忠诚心扉了。对消费者心智的促销打击，还停留在土枪土炮的运用阶段，促销思想和创意思维还依然认为“打折、甩卖、买赠送”三板斧可以永固自己的卖场人气和销售额。

我们的卖场整天想着的就是，如何利用促销来套取消费者手中的现金，不管他是否会不会伤及品牌的信誉和经营魅力，只要能够赚钱，哪怕是短命钱，都会不顾品牌的根基所在，奋不顾身冲到消费者面前就说：“你看，我这里在打折呢、在甩价呢、在买一赠一呢，快来吧，价格便宜，不来可要后悔哦。”结果还是让卖场经营管理者大跌眼镜的是：“促销做了，怎么我的销售额和市场份额还是原地打转，甚至还有下滑的可能。”

战场上最刺激、最壮烈的场面就是在阵地战中双方刺刀见红的对攻过程。同样，在现代企业竞争中，最直接的、能够分出输赢的打拼，就是企业之间面对面的营销阵地战。

当然，军事上的阵地战和营销阵地战还是有区别的。战争是为了打败乃至消灭敌人，夺取、占领敌方的阵地，而营销战则是为了扩大产品在市场中的份额，提升企业的知名度和美誉度，获得消费者的认可。

二、游击战的精髓：在局部战场赢得相对优势

游是走，击是打，游而不击是逃跑主义，击而不游是拼命主义，游击战的精髓是敌进我退，敌退我进，敌疲我打，敌逃我追。遵循合理选择作战地点、快速部署兵力、合理分配兵力、合理选择作战时机、战斗结束迅速撤退五项基本原则的作战方式，叫做游击战。抗战时期，敌后的游击战是非正规作战。以袭击为主要手段，具有高度的流动性、灵活性、主动性、进攻性和速决性，并能广泛动员群众投入战争。

游击战在中国有悠久的历史。公元前512年，吴王阖闾准备攻打楚国，采纳了伍子胥提出的先疲楚后决战的建议，先派部分兵力到楚国许多地方以游击战袭扰楚军，达6年之久，致使楚军疲惫不堪，尔后派主力入楚决战，大败楚军。

中国历史上较大的农民战争，都曾把游击战作为一种重要的作战形式。唐末黄巢领导的起义，明末李自成、张献忠领导的起义，清朝洪秀全领导的太平天国起义，在农民军处于弱小时期，大都采用出没无常、避实击虚、声东击西、能打就打、不能打就走的游击战法，常使官军顾此失彼、腹背受击，疲于奔命。这种农民战争中的游击战，曾在反抗和推翻封建王朝的斗争中起过重要作用。

以毛泽东为代表的中国共产党人，创造性地发展了游击战的游击战理论和原则，主要有：

1．敌进我退，敌驻我扰，敌疲我打，敌退我追，是游击战的基本原则；

2．以袭击为主的进攻，是游击战的基本作战形式；

3．革命根据地，是游击战赖以生存和发展的依托；

4．在一定条件下，游击战可以作为某个战略阶段的主要作战形式；

5．战略上的集中指挥与战役战斗上的分散指挥相结合，是游击战的指挥原则；

6．游击战要向正规战发展；

7．游击战因兵力少而突击力弱，很难独立地解决整个战争问题，只有积极创造条件，使游击队发展成正规军，使正规战与游击战紧密配合，才能加快战争胜利的进程。

抗日战争时期，中国共产党领导的八路军、新四军等人民武装在日军敌后的游击战给侵华日军造成了相当的兵员损失，削弱了日军“以战养战”搜刮沦陷区支撑前线的能力，据1938年8月至1940年5月在华北方面军参谋部任职的加登幸太郎说：“现在回忆起来，我在任时，整个方面军一天平均死伤50名。50名虽不多，但一年就有18,000人离开战列，是大消耗战。”

越南战争可说是近代最成功的例子之一：越共军队先用游击战的形态和法国对抗，获得效果；在美国大规模介入之后，即使美军使用现代化的装备与精良的武器，游击战的形态依然使美军吃不消，最后终于击败美国。

美国独立战争期间，“一分钟人”（又作瞬息民兵）在北美享有盛誉，它指的是反抗英军、追求自治的武装村民，他们出则为兵，入则为民，他们行动特别迅速，只要一听到警报，在一分钟内就能集合起来，立即投入战斗，在整个战争期间四处袭扰英军，让英国人吃尽了苦头。

小公司分两类：一类它永远都是小公司，它可以生存得很好，甚至永远生存下去，但这类公司没什么雄心壮志，仅仅是为了生存；另一类创业公司却不一样，它虽然也是小公司，却对自己有着更高的要求。只有想做成大公司的小公司，它才能被称为创业公司。创业者说：小公司更像一个游击队。虽然有着明确的目标，但不是为了成功，而是为了存活。而大公司出身的创业者，更需要明白“正规军”的局限与独有优势。

游击战原则

游击原则致胜的基础在于，一是够广阔、复杂的地形纵深；二是灵活、出其不意的转移、分散和集中有限兵力；三是小规模、深层次的扰袭、消耗攻击。这三个基础原则是游击生存的基础条件，是缺一不可的，是必须引起绝对注意的。在商业上，游击战也具有一种保存实力的战术优势，它使得小公司也有可能在大公司的领地上一显身手。

游击战原则之一：在市场上寻找一小块你足以防御的市场部分。

这种“小”，可以是地理意义上的，也可以是数量意义上的，还可以是其他一些大公司难以进攻的方面。进行游击战并不能改变市场营销战当中的数学和哲学（大公司依然压倒小公司），只是一场游击战总是要求减小战争的规模，以便在力量上取得一种相对的优势。用一句通俗的话来说，即尽量使自己变成小池塘里的一条大鱼。

同样，地理上的细分也是实现这一目标的传统方法。在一些城市或小镇上，你总能发现一些百货商店、餐馆、旅馆，它们的规模要比希尔斯、麦当劳和假日旅店在当地的分店大。且地方的企业可以根据地方的习惯来提供一些适宜的商品、食物和服务。

这倒不是什么新鲜的东西，几乎每一个地方企业都可以自动地做到这一点，真正的要点是，那些想要获得成功的游击者，必须在其他情况下，如市场部分的划分是十分清楚的状况下，也应该具有同样的思想方式。

例如，劳斯莱斯集团正在汽车行业中，进行一场高价格的游击战。它们在价值10万美元以上的汽车市场上取得了优势。事实上，它们已经拥有这一市场，没有人想在这里与劳斯莱斯集团竞争。因为一方面，现存的市场太小，另一方面则是劳斯莱斯集团至少要在竞争的开始阶段占有巨大的优势，数学意义上的优势如今正站在劳斯莱斯集团的一边。

你曾听说过一个名叫幻想计算机的计算机公司吗？他们在CAD工作台方面，甚至比国际商用机器公司还要强大，这是一种典型的游击战略，即集中在一个能挡得住行业领导者进攻的小的市场部分或方面。例如，在计算机CAD方面，幻想计算机公司与国际商用机器公司相比，其市场份额是21：19。这一现状应是幻想计算机公司的管理人员最为关心的事情，他们必须不惜一切代价让它保持下去。如果游击战开始在自己的地盘内吃败仗，那么这场战争将会很快地输掉。与其他事情相比，游击战更需要取得市场领导者的信任，哪怕这一市场再小，也是如此。

在某些方面，游击战与侧翼战看起来有些相似。你可能会说，劳斯莱斯集团就是一个在高价方面展开进攻的侧翼进攻者。其实，在侧翼战和游击战之间，是有着重大的差异的。一场侧翼进攻战的发动，大多故意地接近领导者的阵地，其目标就是逐渐榨取或肢解领导者的市场份额。梅塞德斯—奔驰就是一个针对着卡迪拉克的高价侧翼进攻者，它成功地从通用汽车公司的领地内抢走了一些生意，使得卡迪拉克不得不推出塞维尔，以防御客观存在的地盘。但劳斯莱斯集团所发动的，则是一场真正的游击战。从字面上来理解，劳斯莱斯集团可能从别处抢走了一些生意，但它的战略设计并非是要夺取某个竞争者的阵地。劳斯莱斯集团的经销商可能从另一个汽车经销商那里抢来了一些生产，但也可能是从一个市政债券代理商或一个珠宝商店那里抢来的。

至于游击战到底应在多么小的市场上展开，则是需要你来判断的地方。一般来说，要尽量挑选那些能足以使你成为其领导者的小的市场部分。可是，现实中的倾向则刚好相反，人们总是试图去攫取一个尽可能大的市场，这实在是一个错误。

你难得看到有什么公司会因其市场收缩得太小而衰败了，相反，你却经常能看到有些公司由于其过度的扩张——在太大的地域内、在太多的市场中推出了太多的商品，而最终分崩离析！当然，有时候对一个游击者来说，改变其战略去进行某一侧翼的进攻，可能确实是一大诱惑。换言之，即诱导它试图通过逼近行业领导者并夺取它的阵地，来增加自己的市场份额。例如，为什么劳斯莱斯集团就不应该推出一种更便宜的汽车，并从卡迪拉克、梅塞德斯一奔驰，以及IBM那里抢来一些生意呢？其实，关键的问题在于资源。游击者能拥有对付强大的竞争者所必需的人力财力资源吗？有时候也许会有，但更多的时候是没有！为了同一个大的团体相较量，游击者有时忘掉了他们必须因此而放弃他们的游击阵地，进入到一个开阔的地带中去。

那么，为什么游击者就不能二者兼顾，既保持其游击阵地，同时又发起侧翼进攻呢？为什么劳斯莱斯集团就不能在继续销售其价值15万美元的汽车的同时，也销售价值5万美元的小汽车，以向梅塞德斯的顾客发起一场侧翼进攻呢？对这一思考方式，我们称之为“货色扩张陷阱”。一个品牌不能同时承担起两种不同的观念！低成本的劳斯莱斯集团必将削弱它在高价产品市场中的地位，且经常地，低价的产品也卖不出去。试想，谁会愿意买一辆便宜的劳斯莱斯轿车呢？这不仅是理论上如此，实践中也同样是如此。在30年代，派卡德公司推出了一种低价形象的高价汽车派卡德·克里帕，结果，便宜的克里帕汽车卖掉了，而高价的汽车则卖不掉。是派卡德商标从汽车行业中消失的最主要的原因。

另外，集中也是二者不能兼顾的原因之一。从它的属性来看，游击战总是从有限的力量开始发展起来的。因此，为了生存下去，游击者必须坚定不移地抵制扩展的诱惑，因为那样只能带来灾难。

游击战原则之二：不管你多么成功，永远也不要像领导企业那样行事。

对一个开展游击战的公司来说，它为其董事长订购第一辆卡迪拉克大型高级轿车的日子，也即是这一公司将走下坡路的开始。

大多数开展游击战的公司都很幸运，因为他们的领导人大多没进过哈佛商学院，没有学过怎样像通用汽车公司、通用电力公司等那样来开展其市场营销活动。当然这并不是说，世上的商学院就从来都没有培养出来过优秀的领导人员，相反，它们培养游击战的战略战术，与那些运用于《幸福》500家以上的大企业的战略战术，是截然相反的，成功的游击者的经营要依赖于一个不同的组织结构和一个不同的时间表。

让我们来看看一个大公司是怎样运转的吧。最典型的是，一般大约有一半以上的雇员是用来为另一些雇员提供服务的，公司只有一小部分的力量是直接对外的。只有他们才是真正地与其竞争对手作战的，而有些雇员在公司中干了多年，却从来没有会过一个顾客，没有见到过一个竞争对手的人员，这些人就是美国企业中的“厨师和理发师”。

一个开展游击战的公司应该消除这一弱点，使其在“火线”上的人员所占的比例尽可能地高一些。它应该抵制这些诱惑，如：描绘出正规的组织结构图、职业说明书、经历状况，以及其他一些繁琐的组织程序，而应尽其可能地使所有的人都成为作战人员，而不是职员。况且，简洁的组织结构不仅仅只是把其力量更多地投入到战斗中去的一个策略，它也能有效提高游击者对市场上所发生的变化的反应速度。“杰克应该是敏捷的，杰克应该是迅速的”，这一古老的格言，是对那些想建立起强大的游击阵地的杰克们的最好的忠告。

另外，一个开展游击战的公司还可以在决策的迅速制定上，因其规模较小而获得优势。这一点在它与一个大的全国性的公司（它的迅速决策即意味着用6个星期的工作来取代平时6个月的工作）展开竞争时，可望成为一笔宝贵的财富。

游击战原则之三：一旦被注意，就要准备着撤离。一个撤退了的公司还可以在某一天再次出现并展开战斗。

这一忠告是由切·格瓦拉提出来的。如果战斗转为不利于你，那么就要毫不犹豫地放弃一个阵地或某一产品。一个开展游击战的公司不应将资源浪费在一场失败的战争中，它应该迅速地放弃掉它，转移到其他地方去，这也就是机动灵活性的优势所在，是一个简单的组织结构真正得到补偿的地方：一个开展游击战的公司无须经受大公司所常遇到的那种内部摩擦或压力，就可以开辟一些新的战场。

较少的领导和职员，也可以成为一个有利的条件。如果你是公司拉丁美洲业务部的执行副经理，那么，当公司试图放弃拉丁美洲的市场时，你必然会竭尽全力地去争斗，以保住你自己的位置。在一个大公司中，许多内部的争斗在事情本身开始改变之前，就已经展开了。而一个小公司则可以没有丝毫内部的动荡就改变它的状况。

在另一方面，撤离的反面就是攻入。当发现了一个市场机会时，开展游击战的公司应该利用其灵活性，迅速地进入这一市场。在一个小公司中，一个人的灵感有时就足以推出一种新产品；而在一个大公司中，一个同样的设想可能会在会议桌上被埋没几个月。鞋类进口商罗伯特·盖蒙因其在散步或打网球时，不知道怎样处置它的钥匙，而引起了口袋上的变革。因为这一下便使盖蒙先生推出了康加罗——一种在其一侧带有拉链小口袋的运动鞋。这使它的销售额迅速地上升了，一年可达7500万美元。

有时候，一个开展游击战的公司可以进入并接管被某一全国性品牌因种种原因而放弃掉的阵地。当这一市场仍然存在时，一个游击者经常能迅速地进入，填补这一真空。当来利食品公司发现卡夫公司正在减少供应它的人造蛋黄酱时，来利在9天之间就迅速地推出了它自己的一种与之相类的产品，国际橡胶公司——肯塔基州路易斯维尔市的一个小公司，现在正在生产市场上最贵的辐式轮胎，并通过那些同米奇林放弃其“每个城镇都有经销商”的特许经营系统而被激怒了的、高质量的经销人员，来销售它的产品。

三、星星之火，可以燎原，积小胜为大胜

做难事要从易处做起，做大事要从小处做起。一个人打败10个人很难，10个人打败一个人却很容易，所以兵法说：“十则围之，五则攻之，倍则分之，敌则能战之，少则能逃之，不若则能避之。

《星星之火，可以燎原》是毛泽东给林彪的一封信，是为答复林彪散发的一封对红军前途究竟应该如何估计的征求意见的信。毛泽东在这封信中批评了当时林彪以及党内一些同志对时局估量中的悲观思想。一点儿小火星可以把整个原野烧起来，比喻小事可以酿成大变，也比喻新生事物开始虽然弱小，但有广阔的发展前途。

一支团队很小，一个军团很大，将一个个团队“吃”掉，这个

军团也不存在了。所以，聪明的将军不强求一战成功，而是“集中优势兵力歼其一部，消耗敌人有生力量”。

老子强调做“易事”不做“难事”，做“小事”不做“大事”，暗合兵法之理。天下事都是如此：你懂得了如何把难事变成易事，把大事变成小事，你就懂得了成功之道。活学活用成就一番事业，是人生大事，也是难事。无论是谁，无论天资多么聪颖，想在两三年内成为大企业家、大政治家或大学者，太难了！假如你有这样的志向，就有必要知道如何把大事变成小事，把难事变成易事。尤其是创业中的小企业，更要具备耐心，具备积小事成大事的素质，具备打持久战的心理。

集中“优势兵力”，积小胜为大胜

成就任何一项事业，都需要具备多种条件，包括自身才能、经济实力、人际资源等。在自身才能中，又包括专业技能、管理才能、公关才能等。既然你没有办法同时拥有所有条件，当然应该集中全部心力，先解决某个力所能及的问题。你在这个问题上打了胜仗，往往能以点带面，将全局导向有利方向。

这个道理，好比部队打了一个小胜仗，不但自己这方面士气高涨，外面的人也会“踊跃参军”，还有某些强势集团对你另眼相看，甚至成为你的盟友。于是，你获得其他资源的途径增多了，实力也大大增强了，从而导致“积小胜为大胜”的结果。许多白手起家的人就是靠这一招赢得人生的。

当年轻的保罗·道密尔流浪到美国时，他身上只剩下5美分，而且没有一技之长。他所拥有的，只是一个发财的梦想。他非常清楚，发财的希望不能靠偶然的机遇，要靠高于一般的能力。他决心学会成为一个大老板需要的各种技能。刚到美国18个月，道密尔换了15份工作，每份工作的性质都不同。对任何一项工作，无论是机修工还是搬运工，他都认真对待，决不马虎。不过，一旦他完全掌握这项工作的技能，马上就跳槽。他不愿在自己熟悉的事情上浪费时间。

两年后，一位老板看中了他的才干和敬业精神，决定把整个工厂交给他管理。道密尔没有让老板失望，他把工厂管理得很好，他的收入也非常可观。可是半年后，他突然向老板提出辞呈，跳槽到一家日用杂品厂当了推销员。他认为，要成为一流商人，只有企业管理经验是不够的，还必须熟悉市场，了解顾客需求。推销无疑是一份最接近顾客的工作，于是，他放弃体面的职位和优厚的薪金，干起了推销员。

经过几年“修炼”，道密尔对自己的才能充满了自信。他用极低的价钱买下一家濒临倒闭的工艺品厂，经过一番整顿，很快使它起死回生，成为一家赢利状况极佳的企业。

其后，他再接再厉，买下一家又一家破产企业，并像个包治百病的神医似的，使它们重焕生机。他的财富也像雨季的河流一样，迅速飞涨。20年后，这位白手起家的青年轻轻松松迈入亿万富豪的行列。

在这个事例中，道密尔的人生梦想是做大事、发大财，但他实现梦想的方法却是从一件件简单的小事做起，培养才干，增长经验，同时积累创业资金。他在一件件小事上打了胜仗，为最后大获全胜奠定了基础。

道密尔的成功绝非特例。绝大多数成功者都是先拥有专业技能，然后达成人生成功。

为什么要从专业技能入手呢？相对来说，这是最容易“打胜仗”的地方。打个比方，你想向亲友借钱，或向银行贷款，主要取决于对方的态度。借不到钱，只好把创业计划揣在口袋里，“手里没网看鱼跳”，眼巴巴地让发财机会溜走。你想让人帮你做事，别人不乐意，你也无可奈何。只有学习可以自主，你想提升专业技能，永远不乏学习机会。这也符合老子“图难于其易，为大于其细”的道理。所以，聪明人想做大事，先“集中优势兵力”解决专业技能这件“小事”。这件“小事”做好了，何愁大事不成？

在外汇市场中，人性的弱点——贪婪与恐惧被诠释得淋漓尽致。我们不是说贪婪不对，而是说要分行情分时机，不是任何时候、任何行情都可以贪婪的。

有很多人大行情做不了，小行情又看不到眼里。他们喜欢做白日梦，梦想一夜暴富，一口吃个胖子。人性的弱点一定要克服，不要让它成为阻挡成功的绊脚石。

积小胜为大胜是一种境界

1995年入市的韩先生，赶上了第一代股民的“尾巴”。经历过多次牛熊市的轮回后，韩先生对股市的认识有种“曾经沧海难为水”的感悟。

在还没有进入股市前，韩先生是一家国企中层管理人员，在满意的收入和舒适的工作面前，韩先生开始有搞些“副业”的念头。

由于当时的股市基本上是“政策市”，对宏观政策方面有些研究的韩先生将目标锁定在股市上来，于是动用了10万元的积蓄要在股市中“搏击”一番。

初进股市之时，韩先生想用对政策走向的了解来选择股票进行操作，所买的第一只股票是深发展A，买入价是10.7元。虽然几经震荡，盘中也有获利的机会。但是这并不为韩先生所触动，一直持有。可是，由于当时的市场环境不是很好，股指仍运行于下降通道之中，而那时庄家坐庄的行为极为猖獗，股票的走势跟基本面没多大关系，只要有题材，股价就能一飞冲天。像深发展A这样流通盘较大的绩优股不被市场所认可，股价也就一路下跌，经过了半年的下跌后，深发展A的股价跌到了7元以下，在这期间虽然韩先生也分析股票有下跌的可能，但亏损的心理压力无法让他下决心卖出股票。可是这次的亏损给韩先生的打击够大。辛苦积攒的10万元还剩6万多，攒了好几年，如今半年就“蒸发”了将近一半。在心理无法承受的情况下，韩先生匆匆将股票卖了，就这样结束了第一次的投资。

自从那次深发展A的亏损后，韩先生好几个月没有操作股票，但每天晚上都在埋头苦读股市的书籍。后来，在一次聚会上，听到在银行工作的同学说国家还要扶持股市。于是，韩先生回家后翻开深发展A的K线图一看，股价比上次的卖出价还高出一些。在经过用所学的知识充分研究后，韩先生判断，同学所说还是较为可靠。于是，第二天韩先生转手重新买入深发展A。不过这次，韩先生记住了上次经验教训，没有死抱着不卖，而是有了利润后在自己判断不好后市的时候先卖了，等自己认为股票还能继续上涨的时候再买回来，哪怕股价比当初的卖出价还高。就这样，经过几次的交易后，韩先生不仅将首次交易的亏损弥补回来，还略有盈余。在后来几次行情中，韩先生的这种方法屡试不爽。如今，韩先生对这种操作方法运用得十分娴熟，经过十几年的操作，资金已经扩大了很多倍。至于到底有多少，韩先生笑着说："若干年前，我还在散户厅里看大屏幕，现在营业部给我一个人安排一间大户室。"

后来，韩先生总结，积小胜为大胜的做法符合他的性格。他认为如果看不准宁肯不去碰，即便是有再多的利润也不属于你，作为投资者要获取属于自己能看到的利润，这样经过操作多次，积累下来的利润十分可观。

大家都知道愚公移山的故事，我们可以换一个角度来考虑，愚公所移的山不是普通的山而是金山，要想在一朝一夕把整座金山搬回家是不可能的，如果你想一天把金山就搬回家，非但不可能，反而会把你累死，这又有什么意义呢。

外汇市场好比是一座金山，里面蕴藏着数不尽的财富。我们没有必要也不可能把它的财富在一朝一夕都收入囊中。我们为什么不能放下急于发财的心态，踏踏实实、一个点一个点地去赚取财富呢？在多年的炒汇生涯中，我一直都坚持这样的投资理念：炒汇最重要的不是你一次能够赚取多少，而是你能不能稳定地获利，长久地立足生存。

积小胜为大胜就是长久立足的制胜法宝。古人云：不以善小而不为，不以恶小而为之。我们把它搬到炒汇上，可以理解为：不要因为利润太小就不去做，积小胜为大胜，才是常胜。总想一次就做个大行情，发大财，反而可能由于不及时离场使到手的利润又成为泡影。这样贪婪的例子太多了，相信每个人都遇到过。

对于上升行情，你还有大胜的可能。对于震荡行情和下跌行情，你只能在震荡过程中赚差价或者做超跌反弹，本来就没有大钱可赚，如果再不抓住小胜的机会，那么只有观望等待的份了。

我们可以算一笔账。假如一个投资者每天在外汇市场赚20个点，我想对于投资者来说不能说很困难，那么一个星期就是100点，1个月就是400点，一年我们按50个星期来算，就是5000点。真是不算不知道，一算吓一跳。当然啦，我们这样算账可能过于理想化，实际情况还有做错的时候，还有亏损的时候。不管怎么说平均每天赚10个点，每星期就是50个点，一年下来也有2500点，如果投资者能做到这样的成绩，恭喜您，您理所当然地要归入投资高手的行列。

大海虽然浩瀚，也是由无数个小水滴组成的。华尔街的投资高手中，不管是索罗斯还是巴菲特，他们的财富也是从每一单的交易中一点一点积累的，没有几十年的积累他们也不可能拥有今天的成就。

古人云：不积硅步无以至千里，千里之行始于足下。希望这句话成为我们之间的共勉。

联通电信营销策略

中国联通副总裁李刚在北京邮电大学经管学院给EMBA的学生讲课时表示，企业间竞争要敢于“以小博大”。他同时用联通的例子详细提出了其对于品牌营销的一些观点：“要积小胜为大胜”、“不按常规方法打”、“不正面竞争”、“实行区隔营销”。

李刚是目前电信运营商中最有名的“战将”之一，在调任联通副总裁之前，他曾掌管广东移动长达6年多时间。这期间，李刚在全国省级电信运营商中率先创下1天1亿元的收入纪录，为广东移动立下汗马功劳，众人耳熟能详的中国移动的许多品牌、战略、战术就是在李刚主政期间在广东推出来的。

李刚表示，企业间竞争就是“以小搏大”，首先要敢于竞争。

他解释说，敢于竞争就要有勇气、有胆量，有“亮剑”精神。他举了电视剧《亮剑》中的骑兵连连长孙德胜为例子。

孙德胜率领骑兵连，在不能骑马的情况下是最后一批冲锋的队伍，却最后冲到了前面，他抽出马刀来高喊进攻的场面让人感到有种说不出来的热血沸腾。孙德胜牺牲的时候，一次次冲锋，一次次高喊着：“骑兵连，进攻！”尽管这个小人物可能没有多少人认识，但是非常让人感动。

李刚说，成功者要付出代价，失败者将付出更大代价，成功的以小博大同样也一定会付出代价。关键是确定付出的代价值不值。

1. 要用智慧竞争

对于如何竞争，李刚说，善于竞争就是用智慧竞争。

他引用了毛泽东军事思想：“打得赢就打、打不赢就跑、你打你的、我打我的、你打我不打、我打你不得不打。表现为打游击战、运动战、持久战、农村包围城市等等，就是用智慧打仗。”

对此，他具体阐述：善于竞争在于不断地寻找对方弱点、寻找机会，利用本身优势消灭敌人、壮大自己。

他说，善于竞争就是不要走进竞争对手给我们制定的游戏规则和竞争对手竞争，如果这样就注定永远被动和失败。

2. 竞争不能违反客观规律

李刚关于营销的另一个观点是理性竞争。他解释说，“理性竞争就是不能违背客观规律竞争。我们出台的任何营销手段都要经过认真地测算，要理性地思考”。

他还表示，要有序竞争，有序竞争就是要遵守国家法律法规，遵守政府和电信管理部门的管理。

对于战术，李刚还阐述了一个精辟观点。他说，著名军事将领陈赓说过：打仗不能按书本上的方法打，学习那些传统的战法和策略，就是为了不按那些方法打。

他同时表示，以小博大一定要避开正面竞争；避开正面竞争的有效办法就是“区隔营销”。

四、游击战求生存，阵地战求突破，步步为营

领导者应该比普通人具有更多耐心。普通人在追求成功的过程中，相对比较容易走极端，一是急功近利，二是自暴自弃。在事情刚开始时，总是希望一举获得成功，没有耐心打持久战。作战希望一战成功，永绝后患；办事希望马到成功，不留后遗症；赚钱希望一夜暴富，一劳永逸。假如急功近利的目标不能实现，马上灰心丧气，对自己能否成功丧失了信心，不是选择坚持到底，而是选择遗憾地放弃。

上面已经说了创业者在创业初期最适合采用游击战法以求得生存，但是如果创业者想要业绩有所突破，必须在合适的时候选择阵地战作为突破，于此同时，必须注意在游击战和阵地战中常常出现的一些问题，克服急躁心理，坚持持久战。

在抗日战争刚开始时，虽然一直在坚持游击战的打法，但是急功近利和自暴自弃两种心理在很多中国人心中迅速滋生，并由此产生了“速胜论”和“亡国论”两种很有市场的论调。前者想当然地认为大中国能很快打败小日本。这并非基于对现状的客观分析，而是源于一举成功的心理冲动。后者想当然地认为中国一定会失败。这也不是基于对现状的客观分析，而是源于自暴自弃的心理冲动。两者的观点看似相反，其实质是一样的：不愿进行艰苦卓绝的斗争。

毛泽东的《论持久战》一书，引起了世界军事家的高度重视，在建国前，此书共出版了170多个版本，不仅共产党人读，国民党人也读；不仅中国人读，外国人也读，美国西点军校还将其定为军官必学科目。日本东京大学的教授近藤邦康也说：“我很佩服《论持久战》。日本被中国打败是当然的，为什么？这样的以哲学为基础的宏远战略眼光，在日本是没有的。”

第一阶段：战略防御阶段，努力创造获条件

企业初创时，就像当年中国遭遇日本的侵略一样，必然是敌强我弱：首先，处理问题的经验不够；其次，解决问题的能力不够；其三，解决问题的技术条件不够；其四，反映这一问题的信息不够。

在这种情况下，当然不能要求一举解决，只能耐着性子打游击

战、打持久战。

我们解决难题也是如此，由于“敌强我弱”，必然屡战屡败。打个比方，谈判的前几轮往往毫无成果，推销产品往往会被一次次拒绝，搞科学发明必然经历一次次失败。屡战屡败不要紧，关键不要放弃。只要有屡败屡战的决心，一次次尝试，一点点积累经验、技能和其他条件，那么，失败的次数越多，离成功就越来越近了。

第二阶段：战略相持阶段，积极解决棘手问题

这一阶段最需要阵地战。俗话说得好：只要精神不滑坡，方法总比问题多。当我们不断设想办法解决某道难题时，尽管不能马上解决，但对这道难题的认识必然增多，至少不再有无从下手之感。而且也知道它的难点在哪里，重点在哪里，哪里是需要全力攻关的地方。当然，找出了问题的症结所在，不等于马上能解决，还有许多艰苦工作要做。正如毛泽东所说：“第二阶段是整个战争的过渡阶段，也将是最困难的时期，然而它是转变的枢纽。”古人说：“行百里者半九十。”很多事情并非不能成功，关键是相持太久，最终失去了耐心，从而放弃。而且，越是接近成功的时候，往往身心都很疲惫，越发显得困难。作为政治策划人，在面临最艰难的相持阶段，一定要下定“角逐最后一公里”的决心，如此才能坚持到最后胜利。

第三阶段：战略反攻阶段，把认真的态度保持到最后

俗话说：瓜熟蒂落，水到渠成。当我们跟一道难题鏖战了很长

时间，所需要的经验、能力、技术、资讯、人力资源等各方面的条件都已经准备充分，这时候，处理起来可谓得心应手，成功已是指日可待。虽然如此，还是不能放松努力，路虽然好走，也需要走才能到达。正如毛泽东所说："第三阶段是持久战的最后阶段，所谓坚持战争到底，就是要走完这个阶段的全程。"在战略"收官"阶段，要坚持游击战和阵地战并举。

还有一个问题需要注意：不要掉以轻心，以免出现重大失误而前功尽弃。人们在处理难题时，能够全神贯注；处理简单的问题时，反而容易失误。这好比开车，车祸往往不是出在路面最险峻的地方，反而是安全平坦的地方。跑完了千里万里，最后在家门口翻车的情形并不少见。老子说："民之从事，常于几成而败之。慎终如始，则无败事。"意思是说：一般人做事，常常是做到几分的时候遭到意外失败。如果自始至终保持谨慎的态度，就没有失败这回事了。这确实是至理之言！

创业者的问题

对于白手起家的中小创业者来说，把握好游击战和阵地战，成为企业获得成功的必修课。但是创业者在此过程中主要面对哪些问题呢？

1. 急于获得战役的胜利：急于获取回报

温州有家私营企业的小老板，看到别人因生产某种塑料产品钱都赚疯了，不由得也心急火燎起来，赶紧筹集了资金，决定也要尽快投资上马这一项目。就在这时，他手下的一名技术员劝告他说："老板，你只要将开工时间推迟4个月，我们就能安装调试好一种目前最先进的设备来生产这种产品，产品比现有设备生产的产品要好得多，相信也会畅销得多。”不料，这位老板听了却很不高兴地说：“推迟开工4个月？你知道推迟开工4个月意味着什么吗？那意味着我们将白丢掉上百万元的利润。”并且命令马上开工。但不出那位技术人员所料，工厂开工没几个月，就因为配套技术陈旧、产品科技含量太低而使产品陷入滞销。这位老板不得不重新投入巨资对才开工没多久的工厂进行技术改造。创业者在初涉投资时，易受眼前利益驱动，而忽视长远利益，采取急功近利的短期行为，这样做虽然能够使企业一时获利，却丧失了长远发展的后劲。投资是一项系统工程，创业者要克服急功近利的思想，更不可杀鸡取卵、涸泽而渔。

2. 在游击战过程中忽视友军：合作伙伴选择不当

江苏某乡镇的电子仪表厂是一家刚刚起步的企业，为加速企业发展速度，该厂准备开发一个环境监测仪器新项目。但因自身实力不足，便决定寻找一个合作伙伴，共同开发这一项目。费尽九牛二虎之力后，终于找到一家愿意出资100万元的企业。大喜过望的电子仪表厂合资心切，对该企业只作了一番肤浅的了解，便草率地签下了合作合同。签约后半年，电子仪表厂即发现合作伙伴对合同缺乏诚意。该厂为加快项目开发速度，资金总是按时到位，而合作伙伴答应的100万元投资却一拖再拖，最终影响到项目开发速度，丧失了抢占市场的最好时机。创业者因急于发展企业，对合作方的信誉、实力疏于考察，极易为企业留下隐患。在涉及到资金投入时，一定要强调资金的到位期和资金到位的比率。创业者在合作合资前，务必对合作伙伴进行全方位的调查研究，对合作伙伴的品行、经营能力、资金实力等等，都要有翔实的了解，以减少投资风险。

3. 遇到小事的急躁心理：情绪化的投资策略

赵先生是一家集体企业的经理，几年来，连续投资的几个新项目均因各种各样的原因流产了。一系列的投资悲剧使他受到周围人的奚落和怀疑，这让他的自尊心大受打击，也更激起了他的“斗志”。恰巧这时，有下属又呈上一个据说是一本万利的新方案，急于翻本和挽回形象的赵经理连看都没有细看，更别说什么科学评估该投资项目了，当即批准。用赵经理的话说就是：“一回不成，两回不成，我就不信这回还不成！”可惜市场很快回了话：他的投资又泡汤了。为了这一次又一次的投资失败，赵经理的精神几乎崩溃。

不害怕失败是好事，失败乃成功之母。但胆大不等于鲁莽。创业者因无法忍受屡屡投资失败的压力，激起赌徒心理，以情绪化的思维决策方式去决定投资方向、投资项目，则必败无疑。情绪化是最可怕的投资陷阱之一。一个创业者在任何情况下，都必须有清醒的头脑，冷静而客观地决策，如果觉得自己把握不住，可以请专家或组织智囊团来帮助自己，不能让情绪左右了自己的头脑，导致投资一错再错。

4. 不根据战场情况随时应变：不根据市场变化调整策略

几年前，某燃气热水器厂正筹措上马一新项目时，从媒介中得到一条市场最新消息：市场风向将发生某种转变。这种转变将使该厂正在进行的燃气热水器项目变得不合时宜。厂长心里十分矛盾，为自己已投入的数十万元资金痛心不已。后又一想，现今市场风云多变，一时的信息不利并不能代表未来，也许这一项目建成后，市场需求风向又会转过来呢？他决定继续对这一项目进行投资。结果，当他又投入了数十万元建成了新项目后，因为市场风向一直并未如其所愿地发生转变，各种电热水器挤占了传统的燃气热水器市场很大的份额，使这家工厂造成了很大的损失。投资者获取有利的市场信息，不能正确地分析投资的利弊得失，并以此来调整原有的投资策略，趋利除弊，而是抱持一厢情愿的心态，这是导致这家燃气热水器厂投资失败的根本原因之一。投资者在投资项目的执行过程中，应时刻注意市场趋向的变化，努力使项目与市场趋向保持一致。一旦出现新的情况，应根据变化后的情况随时做出调整。如果市场情况发生重大变化，原有投资决策已变得明显不合理，就应壮士断腕，以避免造成更大损失。当断不断，会反受其乱。

第二章　敌进我退，敌退我进，立于不败之地

敌进我退，敌退我进，以退为进，步步为营。

创业
游击战

一、打得赢就打，打不赢就跑，以我为主

打得赢就打，打不赢就走。在这里并不主张逃跑策略，逃跑是为了胜利，为胜利而逃跑，我看是值得的。抗战时期，红军从容不迫撤离延安，一是为了保全继续战斗的力量，二就是为了寻找时机继续战斗，争取胜利。这一策略对小企业尤其适合，企业刚刚创立，想要很快占领市场是很困难的。这时便要审时度势，结合自己的特点及实力，采取有利于自己的策略，以我为主。切不可忘了自己的身份与地位，贸然行事，死缠烂打。

历史的经验

毛泽东运动战法则：打得赢就打，打不赢就走。

一切军事行动的核心要义就是要赢。所谓要赢，就是要“保存自己、消灭敌人”。怎样最大限度地歼灭敌人、保存自己呢？毛泽东提出了“战略上藐视敌人、战术上重视敌人”的战略方针；制定了战略上“以一当十”、战术上“以十当一”的克敌制胜根本法则，坚持集中优势兵力，以歼灭敌人有生力量为主，不以保守地方为主的重要原则。

打与走是军事行动中的一对矛盾，然而两者的目的却是一致的——都是为了赢。毛泽东用兵是在敌强我弱的极端恶劣环境下进

行的，战略上敌人处于外线向我围追堵截，我军处于内线被敌“围剿”。为化被动为主动，毛泽东要求我军必须在战役战斗中实行高度机动的运动战，在打与走的运动中，转内线为外线，把敌对我之大“围剿”转为我对敌之小围剿；把敌对我在战略上的分进合击，转为我对敌在战役战斗上的分进合击；把敌在战略上的优势转化为我在战役战斗上的优势。在打与走的运动中，存在着集中与分散的矛盾关系，如何集中兵力以歼灭敌人有生力量呢？毛泽东要求在集中兵力的原则下也不排斥必要的分散。他指出，非主力的分散是为了主力的集中，次要方向上的分散是为了主要方向上的集中，当前的分散是为了下一步的集中。在毛泽东指挥下，我军在战争中围绕保存自己、消灭敌人的根本目的，适时适度地时而化整为零，时而又化零为整，达到了出神入化的境界。

“打得赢就打，打不赢就走，以我为主。”简单的几句话，揭示了战争中的主动与机动、打与走的辩证关系，它几乎可以诠释中国革命战争史上所有的战役战斗。任何军人都明白一个道理，要夺取战争的胜利，必须力避被动，力争主动。主动权，是胜利之母，掌握了主动权，就能“高屋建瓴，势如破竹”；失去了主动权，就要受制于人，兵临险境。

有人说：“中国革命的胜利是走出来的。”这句话有一定的道理。毛泽东曾下大功夫研究了走的问题，他归纳出四种情况下不能打必须走：

1．是当面的敌人多了不好打时；

2．是当面敌人虽不多，但它和邻近敌人十分密接，也不好打时；

3．是遭遇凡不孤立而占有十分巩固阵地之敌不好打时；

4．是打而不能解决战斗，不好再继续打时。

对于小企业的管理者而言，更要记住打不赢就走的原则，由于实力不济，万不可与实力强的企业逞一时之勇，最后被其缠住或吞掉。而要采取回避战术，避其锋芒、另辟阵地，与大企业周旋。周旋之时，积蓄力量，提升科技含量，扩大市场份额，这样，总会有壮大并取胜的一天。

国产手机的游击战策略

光走不打是逃跑主义，光打不走是拼命主义。只是善“走”还不足以完全掌握战场主动权，只有会“打”方能消灭敌人，最终达到赢得战役、战斗的目的。打是目的，走是手段，一切走都是为了打，以走创造战机，以打达到目的。

2000年左右，当国产手机刚刚进入中国的手机市场时，很少有人敢断言国产手机能够像国产彩电那样完成在国内市场的绝地反攻，占据市场的主导地位。因为那时国内手机市场基本上被诺基亚、摩托罗拉、西门子、爱立信等国际知名品牌垄断，而国产手机无论在品牌还是核心技术方面都无法与国际品牌抗衡。然而，随着时间的推移，两年来，中国的手机市场正在发生微妙的变化。2000年国产手机市场占有率不到8%，2001年底国产手机的市场占有率已经达到15%，而2002年底则超过30%，实现了历史性的跨越。更值得一提的是最新的中国手机市场排名前十名的品牌中，国产手机品牌已经占据5席，其中波导和TCL还挤进前5名，分列三、四位。

当时消费者选择手机的一个重要考虑就是品牌，摩托罗拉、诺基亚无疑是消费者心目中理想的品牌选择。国产手机如果从品牌的角度与国际品牌拼市场，肯定很难在短时间内取得理想的效果。然而，手机市场经过了几年的发展，普及率已经大大提高，拥有一部手机已经不是什么高贵和身份的象征，手机已经完全成为一种交流工具进入寻常百姓家，这时，拥有一部国际品牌的手机也已经不是什么不同寻常的事情，相反，拥有一部造型漂亮的手机却逐渐成为人们的首选，这从韩国三星手机的崛起可见一斑。

从2001年开始，中国的手机市场开始从“品牌导向”向“机型导向”转变，品牌的影响力已经大不如前，无疑外观好、外型小的手机成为市场的宠儿。国产手机正是在这一阶段加快推出新品的频率，凭借着一款比一款漂亮的手机逐渐征服了消费者的心。由于中国的手机市场导向发生变化，从原来欧洲流行的“直板型”进化为定位为中高端的韩国风格的“翻盖型”，国内手机厂商抓住这一变化，迅速从韩国引进折叠机技术，TCL、波导、科健、东信都从韩国大量引进这种技术，推出众多折叠式翻盖手机，TCL还推出更高端的“宝石”系列，用华贵的造型和精美的设计赢得了市场。在中国的手机市场上，翻盖型手机几乎都占据了中高端市场，而“直板型”则普遍占据中低端市场，国产手机70%的机型选择折叠翻盖式也为自己留出较大的利润空间，避免了与国际品牌在低端市场上的价格拼争。

游击店生存之道

市场仿佛是一桶已经装满了的水，消费者不会因为没有你的产品而感觉心慌，可供选择的产品太多了，所以一个企业要想占领市场，必须要将这满满一桶水挤出来一点，自己才能生存。

与以往奢侈品店铺固定于城市地标式购物中心的布店方式不同，2009年10月，路易·威登向伦敦著名的塞尔福里奇奢侈品百货公司租下了一处临时店铺，两个多月后，该店铺即将关闭。就在路易·威登入驻之前，著名品牌Jimmy Choo、Edun，以及古琦、爱玛仕也纷纷加入了游击店的行列。奢侈品牌对临时店铺的推崇，不禁引发我们的思考，横空出世的游击店究竟有什么样的特殊魅力，能够受到一向挑剔的奢侈品牌的青睐？

游击店为商家提供了一个研究消费者行为和进行小规模试验的机会。直到今天，游击店这一形式仍然屡试不爽。爱玛仕总裁帕特里克·汤姆斯表示："这是一种与新顾客群体交流的有趣方式。通过这类短期营业店铺能试验出该地区是否存在我们的消费者，是一个考察新市场的好方法。"奢侈品牌为消费者提供的价值不是产品，而是梦幻，因而开店的前期投入往往是一笔巨大的开销。如果不能准确地判断市场，贸然进入，损失的不仅是门店等固定资产的投入，对品牌的损害更是不可估量。

打游击战最要清醒的是无论取得多大的胜利，都不能忘了自己的身份与地位，坚守游击战原则。那种一得意就忘形的，必定会遭到惨痛的教训，除非您已经积累了足够多的实力升级进行进攻战。

二、先发制人，把握游击战主动权

先发制人是争取主动权的一种方法而已，切不可为了先发制人而放弃对主动权的思考。大的市场不能争取到主动权，也要想办法在局部市场上拥有主动权。有了主动权必定有了话语权。毛泽东认为主动权是“军队的命脉，失了这种自由，军队就接近于被打败或被消灭”。所以主动权是关系成败的命脉，是敌我双方争夺的焦点和关键，因此在作战指导上最大限度的争取主动权就成为我们在实际工作中运用这一战略思想的要旨。

而主动权“是要有意识的去争取的东西”。由于双方力量对比的优势和劣势是主动和被动的物质基础，在全局和局部之间优劣是相对和相关的，在全局上处于劣势而一定条件下局部也有可能处于优势，而局部优势的积累可以最终改变全局的劣势，当优劣发生变化时主动权也随之变化。

先发制人为三十六计中的一个计策，“发”，发动；“制”，控制。原指在战争中的双方，先采取行动的往往处于主动地位，可以制伏对方，后来泛指先下手采取主动。

唐太宗李世民未称帝前因功高权大，遭到太子李建成与齐王李元吉的嫉恨，多次遭到陷害。房玄龄对太宗另一重要谋士长孙无忌说：“现在大王与太子矛盾很深，无法调和，如果不早想办法，不但会危及秦王府，恐怕连国家都有覆灭的危险。我有一条计谋，不如效法周公的做法，先下手为强。有句古话：‘为国者不顾大节’。国家沦亡与身名俱灭哪个强些？”长孙无忌说：“我早就有这个想法，没敢说出来，今天你所说的，与我的想法太相同了。”

于是，长孙无忌将两个计谋告诉太宗。太宗又召房玄龄一起谋划。房玄龄说：“国家患难，历代都有，不是圣明之人，不能平定。大王功盖天地，不但人会为你谋划，就是神也会暗中帮助你。”于是，便与杜如晦一起同心协力，进行谋划。这就是有名的玄武门之变。事变成功以后，房玄龄因功封为邢国公，升中书令，赐封一千三百户。

政坛如此，商场也是如此。一个企业，在面临困境的时候，为迅速摆脱困境，必须要看准时机，先发制人，像李世民那样，发动商场上的“玄武门之变”。只有如此，才能转败为胜。

伊拉克之战

以伊拉克战争为例，美国在这场战争中将“先发制人”这一军事思想运用得淋漓尽致。首先是战争指导上“先发制人”。海湾战争结束后，联合国就开始对伊拉克实施大规模杀伤性武器核查。可是，核查人员始终没有找到有力证据。对此，美国耿耿于怀。它主张联合国对伊拉克动武，进行干净、彻底的核查，以清除伊拉克大规模杀伤性武器。在遭遇多数国家尤其是一些大国的反对后，美国在伊拉克武器核查结果出来之前，发动了战争，并希望以此向国际社会证明美国的主张是正确的。这种“先发制人”的指导思想让美国不至于很被动。

其次是美军行动上“先发制人。”战争中美军的许多行动都是伊拉克意想不到的。美国发动战争经常发出所谓的最后通牒，如海湾战争、科索沃战争等都是过了通牒规定的最后时间才开始的。但这次战争，美国却一反常态，将战争发起时间提前到最后通牒时间之前展开，打了萨达姆一个措手不及。

美军进入伊拉克之后，不是对遇到的伊军据点各个歼灭，而是置后方安危于不顾，绕过伊方城镇直逼巴格达。这又使萨达姆设想利用南部城镇阻止美军行动的计划破产。

战争期间，土耳其最后决定不允许美军利用其领土开辟对伊拉克进攻的北方战线，这使伊拉克可集中精力对付南部的美军。但是，美军利用其先进的运输工具，将大量美军空降到伊北部地区，出人意料地开辟了北方战线。

就这样，美军“先发制人”的行动，一次次刺痛了伊拉克的神经，加速了伊拉克的崩溃。

最后是战法运用上“先发制人”。美军在近期打的几场战争中，每次都要先进行大规模轰炸。可是这场伊拉克战争中，美军地面进攻几乎是和轰炸同时进行。美军进入伊拉克腹地之后，迅速抢占了油井，使伊拉克企图炸毁油井、燃烧石油，阻止美军进攻的计划破产。进攻中，美军对伊拉克各城镇“隔而不围，围而不打”，主力部队直逼巴格达的战法，使萨达姆不得不调整军事部署，紧缩巴格达的防线。美军实施小股部队与伊军周旋，使萨达姆大量歼灭美军以迫使美军撤军的梦想也未能实现。

商场如战场，一个企业的管理者一定要牢记这句话，并将它运用到竞争中去。在生死存亡的关头，首先要敢于打破常规，采取突然行动，让竞争的对手措手不及。其次在具体方法上也要变招，彻底改变对手已经熟悉的方法，蓦然出击，让对手无以应对，这样的先发制人才能有奇效，也才能使企业摆脱被人吞食的危险。

康师傅先发制人于统一

“善战者，致人而不致于人”。不仅是在军事上，在商场上这种原则同样十分重要。

如今康师傅和统一在中国内地的竞争，使得彼此每一天都充满危机感。在战战兢兢、如履薄冰的日子里，它们始终都在不断创新、刷新自己。从他们进入中国内地的那一刻起，康师傅和统一就注定要狭路相逢。

10多年前，在台湾几乎没有人知道康师傅。因为，康师傅做方便面时，统一已在台湾做了10多年。在这个市场，统一是大哥，康师傅只是小弟。然而，10年后的中国内地市场上，小弟俨然让大哥“坐卧不安”。

当年，如果仅仅局限于台湾市场，康师傅很难赶超统一。康师傅转战在内地市场，在时间上仅比统一早两个星期，却成为其扭转乾坤的关键。

多年来，康师傅一直占据着中国内地方便面市场40%的份额，相反，统一的市场份额则不足15%。实际上，康师傅的前身只是一个1958年创立的小规模油厂，但自1989年进入内地后，由于顶新集团突然转变业务，把食用油转产为方便面，才造就了今天的成就。这无疑刺激了台湾食品业老大统一。尽管统一在1992年就摆开架势，携方便面杀入内地，但一直未能夺取霸主地位。

康师傅一年卖掉的方便面是60亿包，这是台湾全岛的10倍；一年卖掉的饮料是25亿罐；一年用掉的塑料薄膜是48万公里，这样的长度，足以绕地球12圈。今天康师傅的年销售额达100亿元人民币，香港市值超过了台湾的食品老大统一集团……

当时欲进入大陆方便面市场的台港企业并不是康师傅一家。靠方便面白手起家的统一集团算是生产方便面的鼻祖，也看好这个市场，为什么一炮而红的不是统一，而是从未生产方便面的康师傅呢？

统一在大陆推出方便面比康师傅晚两个星期，当时统一总部设在北京，推出的是其在台湾销售最好的鲜虾面，结果台湾口味的鲜虾面难以吸引大陆消费者，推向市场遭遇冷淡。

康师傅的优势就在于没有产品可以照搬。他们调查市场，把产品受众锁定京津地区，京津地区人口刚好与台湾相等，占领京津市场就相当于拥有了整个台湾市场。调查发现，中国人最喜欢的面条口味是牛肉味，第二、第三是排骨和鸡肉口味，第四才是海鲜口味。确定牛肉味后，经过不断改进，请上万人试吃，终于生产出适合大众口味的产品。价格方面也打了市场一个空档，定价1．98元，质量比一般方便面好，价格又比进口方便面低，优势就凸显出来。

与此同时，报刊上、电视上，“康师傅”方便面的广告铺天盖地，宣传最火热的时候平均每天仅在电视上就出现百次。如此“不计成本”的“狂轰滥炸”一番后，“康师傅”的名声不胫而走，连京城的3岁小孩一见到矮矮胖胖的烹任师傅都不约而同地大嚷“康师傅”、“康师傅”……在如此的宣传攻势下，京城迅即刮起了一场购买康师傅的方便面热。每天清晨，天津公司的门前就排起汽车长龙，人们翘首等待着从生产线上下来的“康师傅”，有的客户甚至是在公司门口席地而卧，连夜等待……

在京城一炮打响后，康师傅立即挥师四面出击，大举占领全国市场，到1994年上半年，该集团总投资规模超过了3亿美元，企业达到12家，遍布于北京、天津、济南、上海、广州等地。

康师傅以迅雷不及掩耳之势，迅速建立起在中国方便面行业的霸主地位。在高档价位方便面的市场份额中最高时占到98%。

而此时的统一集团看着仓库堆满的统一方便面，不但尝到年年亏损的滋味，也让统一认识到大陆百姓喜爱的泡面口味与台湾完全不同。他们开始针对大陆口味，进行市场调查，再依据市场调查的结果，在不同地区，推出不同口味的方便面。统一还不惜重资砸下大举宣传广告费用。即便如此，终究晚了一步，统一集团一位负责人多次提到，“在台湾，统一是第一，康师傅在台湾根本就没有做过方便面。但是，统一比康师傅晚进内地，使得我们在与康师傅的竞争中处于下风，差距很大，较难弥补。”

商场上如果能利用好先发制人的计谋，会为企业带来一个又一个良好的转折。但是先发制人并不适合每一个人，要先发制人必须有冷静的头脑，客观的思考，甚至详细的调查调研。康师傅只比统一推出方便面早了两个星期而已，我们不能只是看到这两个星期有多么重要，应当反思，这两个星期的背后，康师傅是做了多年的努力的，只为争取这两个星期。准备创业或已经创业的人，更应当反思这个计策，企业每一个策略的实施必须是经历了足够的调查及测试的。

三、以逸待劳，后发制人寻胜机

以逸待劳，是现代商战中比较常用的一个计策。但是要想利用好这个计策必须得有良好的心理承受能力，不求有当年司马懿被诸葛亮在阵前侮辱为妇人仍镇定自若的气概，至少应该有不冲动不意气用事的理智，隐忍只是利用此计的基本条件，还要耐得住时间，耐得住各种小恩小惠的诱惑。在商战中，甘愿妥协退步，在妥协中休息静思，出其不意，赢得时机，以逸待劳，后发制人，使自己获益。用必须的退却换来更大的利益，切不可在经营不利的情况下，又忍受不得一丁点的委屈，从而盲目行事与对手硬拼，定要等待时机，反败为胜。

以逸待劳之计，就是在敌人气势正盛之际，采取不直接进攻的战略，而是坚守住自己的阵地，消磨敌人士气，使敌人疲于奔命。同时审时度势，寻找最有利的战机，从而后发制人、一举破敌。语出《孙子·军争篇》：“以近待远，以佚待劳，以饱待饥，此治力者也。”（“佚”通“逸”）。但是，以逸待劳的“待”，不是消极地坐等战机，而是充分发挥主观能动性去调动敌人，牵着敌人的鼻子走，让敌人疲于奔命，不断地消耗敌人，待敌人锐气尽消之时，再动手消灭他。

马陵道之战

企业管理者须牢记，后发制人的关键主要在于八个字：避其锐气，蓄盈待竭。

历史上有名的孙膑马陵道伏击庞涓的案例正是用此计的极好的例证。公元前341年，魏国伙同赵国发兵攻打韩国。韩国闻讯，派人飞奔齐国告急。齐王仍派田忌为大将，以孙膑为军师，一同前往救韩。孙膑和田忌还是采用攻打魏国后方的战略，率兵径向魏国的大梁进发。魏将庞涓接到齐师将偷袭大梁的告急文书，便舍弃攻韩，连忙退兵回救。这时候，齐国的部队已经推进到魏境。孙膑知道庞涓的部队就要赶回来了，便对田忌说：“他们三晋的战士，一向强悍勇敢而轻视齐兵，齐兵也因此被称为胆小怯弱，一个善于作战的将领，要会顺应这种情势，加以有利的引导。兵法上说：用急行军赶百里以争利者，会折损领头的将帅；用急行军赶五十里而争利者，部队只能有一半能赶到。现在庞涓如果恃勇轻敌而冒险急进的话，那是最好不过的了。”于是，孙膑提出了一个退兵减灶、诱敌深入、设伏歼敌的计策。

这时候，庞涓已率领魏国大军，日夜兼程，气势汹汹地朝齐军扑来，大有一举吞噬之势。孙膑便指挥齐军佯装后撤。撤退的第一天，孙膑叫士兵在宿营地挖了十万个煮饭用的灶。到第二天安营时，叫士兵挖了五万个饭灶。到第三天安营时，只叫士兵们挖了三万个饭灶。庞涓率领部队按照齐军后撤的路线拼命追赶了三天，当他看到齐军营灶日见递减的情形，大为高兴地鼓励士兵们说：“我早就知道齐军怯弱怕死，进入我国境内才三天，逃亡的士兵就超过一半了。”于是庞涓就命令抛下步兵辎重，只挑选了两万精兵强将，轻装快骑，由他和太子申率领，日夜穷追齐军。

孙膑率领齐军退至马陵，见马陵道路狭窄，两旁险山，山中丛林密布，乃是伏击歼敌的好战场。他估算了一下庞涓追兵的行程，断定魏军当晚必然到达马陵，于是命令士兵除留下一株粗树外，将其余的树木都一齐砍倒，阻塞在道路上。又命令士卒把留下的那株大树的树皮剥去，在白白的树身上面写下“庞涓死于此树之下”几个大字。孙膑又选派了一万名善射能手，埋伏在道路两旁的山林之中，约定说：“晚间但见大树下火光一亮，就朝树下一齐放箭。”

黄昏日暮时刻，庞涓果然率领轻骑冲进了马陵道，山路狭窄，断木纵横，天色昏暗。魏将庞涓只好命令部队下马摸索而行。当来到那棵大树旁时，庞涓猛然发现树身白木上似乎有字迹可辩。于是就叫士兵取火照看，可是字还没有读完，齐军已万弩齐发，箭如雨注，魏军顿时乱作一团，四散溃逃。

庞涓身中数箭，倚靠在那棵大树下面。他自知智穷兵败，自己绝难逃脱孙膑所布的天罗地网，便仰天长叹说：“我直后悔当初没有杀掉孙膑，如今我反而成就了这小子的名声！”说完，拔剑自刎。

庞涓一死，魏军无帅，齐军乘势追击，魏军彻底崩溃。魏太子申也被齐军生擒。

小的企业，先要吸取庞涓轻敌冒进、自我疲惫的教训，学习孙膑诱敌深入，等待时机的正确做法。作为初创中的企业，力量原本比不上对手，一定要会隐忍不发、等待时机，让对手先全力表演，等他先精疲力竭、露出破绽、自顾不暇时，小企业再全力出击，力求一击必中。当然，实力强的企业不是魏军，不会一战被你彻底打垮，但赢得市场便是目的。

猇亭之战

想当年，刘备亲率七十万复仇大军，连胜十余阵，势在吞吴。陆逊走马上任之后，命令部下坚持“乘高守险”，“以观其变”。刘备求战不得，退又不甘，正值天气炎热，便把四十座大营全部移到林木茂密之处。陆逊一看时机成熟，动若脱兔，一把火烧了蜀国的七百里连营。

猇亭之战的跌宕起伏向人们表明：“先发”未必制人，“后发”未必制于人。竞争中的后发者所以也能制人，在于它在某些方面明显优于先发先变者。比如，先发先变，前景莫测，风险迭起，容易遭受挫折；而后人而发，前车可鉴，可以做好周密安排，成功的可能要大一些。再如，先发先变，近于开拓，遇到的困难较多，前进步履维艰；而后人而发，顺势而进，可以乘人之隙，击人弱点，容易轻取疾进。还有，先发先变，一切从头做起，投入较大，产品低级，经济效益往往不佳；而后人而发，可以学人仿人，改进质量，提高技术，降低消耗，取得更好的经济效益。

后发制人不可拘泥一法。企业家应该根据不同情况，不同时机，采取后发制人之术。古语说得好：“物速成而疾亡，晚就而善终。”在激烈的竞争之中，明智的企业家决不能意气用事，务争一时之高下。特别是面对强大于我的对手，更要注意避其锐气，以待其竭。

当今市场无限广阔，并且不断变化发展，永无止境。因此先变者决难穷市场之尽。后发者则可静观变化，详加预测，抓住潜在需求，瞄准市场的“空白点”，乘虚而入，后来居上。

青出于蓝而胜于蓝，这是一条自然的法则。在市场竞争中，后发者往往可以学习和模仿别人，节省自己的研制费用，并回马一枪，反制其人。

后发制人赢得商战

先发先变，没有前人可鉴。后人而发，则可以从别人的成败得失中吸取经验教训，从而取人之长，避人之短。后人而发，顺势而进，乘人之隙，击人弱点，轻取疾进！

英国友尼利福公司经理柯尔在企业经营中，有一个基本的信条，即“不拘束于体面，而以相互利益为前提”。依据这一信条，他在企业经营和生意谈判中常常采用退让策略。在一定情况下，甘愿妥协退步，以赢得时机发展自己，结果可能是退一步，进两步，实质上还是自身获益。

友尼利福公司在非洲东海岸早就设有大规模的友那蒂特非洲子公司，那里有丰富的肥料，并适合于栽培食用油原料落花生，是友尼利福公司的一块宝地，也是其主要财源之一。第二次世界大战结束后，随着非洲民族独立运动的兴起和发展，友尼利福这些肥沃的落花生栽培地一块块地被非洲国家没收，这使该公司面临极大的危机。针对这种形势，柯尔对非洲子公司发出了6条指令：第一，非洲各地所有友那蒂特公司系统的首席经理人员，迅速启用非洲人；第二，取消黑人与白人的工资差异，实行同工同酬；第三，在尼日利亚设立经营干部养成所，培养非洲人干部；第四，采取互相受益的政策；第五，以逐步寻求生存之道；第六，不可拘束体面问题，应以创造最大利益为要务。柯尔在与加纳政府的交涉中，为了表示尊重对方的利益，主动把自己的栽培地提供给加纳政府，从而获得加纳政府的好感。后来，为了报答他，加纳指定友尼利福公司为加纳政府食用油原料买卖的代理人，这就使柯尔在加纳独占专利权。在同几内亚政府的交涉中，柯尔表示自行撤走公司，他的这种坦诚的态度反而使几内亚受到感动，因而允许柯尔的公司留在几内亚。在同其他几个国家的交涉中，柯尔也都采用了退让政策，从而使公司平安地渡过了难关。

福特，世界排名第二的汽车大佬，由于种种原因，在中国汽车市场的盛宴中，它的席位与其身份形成了强烈反差。但福特对中国市场并没有气馁，它重新谋局，后发制人，采取了更积极的市场攻势。

全球最大的汽车制造商通用已占据中国轿车市场约12.5%的份额；德国人凭借"一汽"、"上海"南北两个大众，现在仍拥有30%以上的市场份额；全球第三大汽车制造商丰田先后与"一汽"、"广汽"建立合资企业，势头正猛，目标直指10%的市场份额。而作为世界第二大汽车制造商、品牌价值达301亿美元的福特，直到2003年才正式进入中国轿车市场，声音一直被汹涌的车海浪潮所淹没。战略的延误，迟到的步伐，令福特失去先机连连失手。

20世纪90年代，福特便积极在中国寻找合资合作方，先后与沈阳松辽汽车、东风汽车、湘潭江南奥拓等公司有过接触，但因文化、理念、体制等多种原因均告失败。1996年与上海合资生产轿车的投标应该是福特最好的一次机会，当时能与其竞争的只有其美国同胞通用。通用拿出"别克"，福特则拿出"金牛座"，车型的比较其实并无决定性意义，最后，通用开出的16亿美元的合资高价，以实际行动的真诚打动了中国政府。据说，当时福特的出价为15亿美元。正是这“1亿美元”的差距，令福特错过了领先中国市场的绝好时机。

在被通用“搞掂”之后，福特权衡再三，决定从通用公司的市场“软肋”入手，于是就有了全顺的出现。福特另辟蹊径，专攻专业汽车市场。理论上讲是聪明的，在当时这也应该说是福特战略上的自我得意之作。但是，市场不是纸上谈兵，当时的中国专用汽车市场需求并不似家用轿车般旺盛，福特既没有保全专业市场的利润，又失去了进军主流家用轿车的一次良机。

2002年被称为中国的“汽车元年”，轿车产销突破百万辆大关，其中合资公司所生产的轿车已成为中国轿车市场的主流。专业汽车的受挫，再加上家用轿车的滚滚“钱流”，迫使福特再次掉头直奔家用轿车市场，但此时已是2003年了。待福特与长安成功合资，推出嘉年华亮相中国家用轿车市场，已经比通用、大众等慢了好几个节拍。福特、嘉年华的问题还在于当时不能有效覆盖竞争对手的同类车型，导致嘉年华一出现就被淹没在其他品牌的“狂欢节”中。

福特嘉年华的面市，恰逢2003年中国汽车降价风，从经济型轿车、中高档轿车以及多功能车，各路品牌相继变相、隐性降价，其中本田新雅阁等中高档品牌的降幅达到四五万元，这使得嘉年华往下难敌同型车的低价围攻，往上又不能称之为中档车型，进退维谷，竞争对手的直接攻击，让福特初试锋芒便落入尴尬境地。特别是上海通用的价格屠刀最为犀利，其紧追福特，针对嘉年华推出两款赛欧新车型，并且价格全面下调3000元～4000元。而嘉年华本身8.88万元～12.78万元的定价，也令中国家用轿车消费者十分失望。直到嘉年华调整价格后，销路才开始好转，但这已是后话。

福特汽车公司董事长兼首席执行官比尔·福特到中国后，更是许下了10亿～15亿美元的投资承诺，加大对中国市场的投入力度。比尔·福特信心十足："不一定谁先来，谁就是最好的。"正是这份源自骨子里的信心和对中国市场远景的研判，促使福特因应时势大刀阔斧地展开战略调整。通过对中国汽车市场的充分调研和对竞争对手的深入分析，2004年2月，在风景优美的山水城市桂林，长安福特隆重推出了2004款全新蒙迪欧轿车，同时宣布这两款配置的轿车价格分别为20．8万元和22．98元万时，全场爆发出经久不息的掌声。大家都为这一远远低于预想的震撼价惊喜不已，尤其是长安福特的近百家经销商。2004款蒙迪欧一上市就供不应求，需要排队半年才能提到车，在短短的两个月里就销售了上万辆，为福特力挽市场狂澜。

中国汽车已经进入买方市场，除了汽车的质量、性能，最重要的就是品牌竞争。品牌是企业综合实力的体现，反映了产品质量、技术、信誉和售后服务，是一个产业价值链中最高端和最核心的部分，而福特已做好了"以优势子品牌带动全线产品"的战术准备。

福特深知，若想在中国市场迅速打开局面，单纯凭借嘉年华、蒙迪欧等新产品或是"价格手段"是不够的，必须整合旗下品牌资源。福特的另一张"王牌"就是汽车金融信贷服务。往年，福特公司有30%～40%的集团利益来自金融服务，2004年上半年，福特集团的获利中90%是靠金融服务。福特信贷从1959年成立到现在，不管汽车市场是否景气，它每年的业务数量、资产和利润都在上升。

2004年8月，福特汽车信贷公司已获准在中国筹建汽车金融服务公司，按照福特信贷的计划，该公司将为遍布全国的上百家福特经销商以及购车客户提供金融服务。福特正在将汽车金融方面的成功复制到中国，这有助于福特一汽轿车市场曾经的颓势，借助汽车销售和汽车金融“双引擎”把自己带上快车道。

企业与消费者的互动成为当今品牌的关键特征，这种转变为品牌创造了机遇，而广为人知的成功品牌如果缺乏与消费者的沟通能力，也可能黯然失色，这一点，福特看得十分清楚。所以接下来福特大力实施其制胜的关键新品牌战略。

从在中国市场屡挫屡战到前景光明，从百年来坚持不懈的品牌理念到“产品——品牌——社会”的形象升华，福特已经开始了在中国市场的加速追赶。

四、善败者不乱，不计较一城一池的得失

“善胜者不争”。善于获胜的人不与人争夺。善胜者有大局观念，凡事从大处着手，不会为一城一地得失而费力争夺。

“善阵者不战”。善于布阵的人不会去与人正面激烈地冲突，那样胜了也会两败俱伤。

“善战者不败”。善于与人正面冲突的人，一般不会失败。善战者平时会勤学苦练，积极准备，知己知彼，枕戈待旦。一旦冲突，很少失败。

“善败者不乱”。善于失败的人不会乱了方寸。善败者心态积极，“胜败乃兵家常事”，不会因为失败而完全否定自己，而是从中汲取教训。

原价销售法

不计较眼前的得与失，着重长远利益，放长线钓大鱼，也是我们创业者应该学习的地方。

日本东京岛村产业公司及丸芳物产公司董事长岛村芳雄，不但创造了著名的“原价销售法”，还利用这种方法，由一个一贫如洗的店员变成一位产业大亨。

岛村芳雄初到东京的时候，在一家包装材料厂当店员，薪金十分微薄，时常囊空如洗。由于没钱买东西，岛村下班后唯一的乐趣就是在街头闲逛，欣赏行人的服装和他们所提的东西。

有一天，岛村又像往常一样在街上漫无目的地溜达，无意中，他发现许多行人手中都提着一个纸袋，这些纸袋是买东西时商店给顾客装东西用的。一个念头在岛村的脑中闪现了，他认定这种纸袋一定会风行一时，做纸袋生意一定会大赚一笔钱。考虑到自己一无经验，二无资金，岛村创造了一种新的销售方法，既“原价销售法”，从而在激烈的商业竞争中站稳了脚跟，并为日后的发展打下了雄厚的基础。

所谓的原价销售法，就是以一定的价格买进，然后以同样的价格卖出，在这个过程中，中间商没有赚一分钱。

岛村先生往麻产地冈山的麻绳商场，以5角钱的价格大量买进45厘米规格的麻绳，然后按原价卖给东京一代的纸袋工厂。这种完全无利润的生意做了一年后，在东京一带的纸袋工厂中，人们都知道“岛村的绳索确实便宜”，订货单也像雪片一样，从各地源源而来。

见时机成熟，岛村便开始着手实施自己的第二步行动。他先拿着购货收据，前去订货客户处诉苦：“你们看，到现在为止，我是一毛钱也没有赚你们的。如果再让我这样继续为你们服务的话，我便只有破产的一条路可走了。”

交涉的结果是，客户为岛村的诚实和信誉所感动，甘心情愿地把交货价格提高为5角5分钱。

接下来，岛村又与冈山麻绳厂洽谈：“您卖给我一天5角钱，我是一直按原价卖给别人，因此才得到现在这么多的订货。如果这种赔本的生意让我继续做下去的话，我只有关门倒闭了。”

冈山的厂商一看岛村开给顾客的收据存根，大吃了一惊。这样甘愿做不赚钱生意的人，他们还是平生第一次遇到。于是，这些厂商们没有多加考虑，就把价格降低为一条4角5分。

如此一来，以当时一天1000万条的交货量来计算，岛村一天的利润就可以达到100万元。创业两年后，岛村就成为名满天下的人。

特立独行的沃尔玛

沃尔玛的东西可能不是最高档的，但很可能是最便宜的。

1962年山姆·沃尔顿开设了第一家折价商店，1970年达到18家，1980年达到276家，2001年已经达到了将近3000家。现在，沃尔玛连锁公司已是世界零售巨人，年销额位居世界第一。

有人赞叹说：在地球上，恐怕再也找不出第二家比沃尔玛售价更便宜的连锁商店了。的确，它成功的重要原因之一就是在于它的价格策略——天天低价。这一切都源于沃尔玛强大的全球采购体系。

经常到沃尔玛购物的消费者都有这样的经验：沃尔玛的东西可能不是最高档的，但很可能是最便宜的。

有个故事，说的是沃尔玛的创始人山姆·沃尔顿早期曾经从一个供货商那里学到了一个道理：如果用单价80美分买进东西，以1美元的价格出售，其销量竟然是以1.2美元出售的三倍！单从一件商品上看，少赚了一半的钱，但卖出了三倍的商品，总利润实际上大多了。直到今天，山姆的这一价格哲学也没有动摇，“天天平价”也成了沃尔玛的口号。

道理人人都懂，但要在沃尔玛这样一个年销售额近2000亿美元的庞大销售帝国里一以贯之地实行，难度之大可想而知，但沃尔玛成功了。

深入到供应商的车间是沃尔玛平价的第一步。一位鞋类供应商说，进入沃尔玛的供应商系统要求很高，但一旦进入后，就会有很多的好处。比如，沃尔玛会直接向企业提供有关生产标准，包装标准。企业还可以通过沃尔玛的“销售链系统”在自己的电脑上就能够看到商品销售和需要补货的情况。沃尔玛严禁任何级别的员工接受供货商的回扣和馈赠，但沃尔玛会要求供应商提供这一折扣，并把这部分折扣最终转移到消费者身上。

建立配送中心是连锁经营的关键。在沃尔玛，建立配送中心是一件非常慎重的事。多少家店、周围运输条件、与商店和供货商的距离都是需要考虑的。一旦建立配送中心的成本不能收回，沃尔玛宁肯不建，尽管该地区短期内开店的利润率可能很诱人。配送中心建好之后供应商只用把货送到一家而节约了成本，这部分折扣沃尔玛同样转移给了消费者。在沃尔玛的物流管理手册中关于送货车管理的就有好几页。

“比竞争对手更节约开支”是山姆·沃尔顿的成功十大法则之一，仅在物流一项，沃尔玛就与对手拉开了很大的差距。据美国的一位经济学家对美国三大零售企业的比较，商品物流成本占销售额的比例沃尔玛为1.3%，凯玛特为3.5%，希尔斯为5%。按年销售额1000亿美元计算，那么沃尔玛为13亿美元，凯玛特35亿美元，希尔斯为50亿美元，成本差距相当大。

高效信息系统保证了货物在配送中心和商店里的最少停留时间。为了实现这一目标，沃尔玛建立了全美国第二大的电脑处理系统，并耗资数亿美元委托休斯公司发射了一颗专用通信卫星。

进入商店的环节，沃尔玛的要求更细了，甚至包括货物的摆放。深圳沃尔玛开业之初，总公司一位副总裁来深圳时有几句话给员工们留下了很深的印象。其中一句是说从货物的摆放就可以看出某类商品的采购问题，一些员工觉得听上去太玄乎了，但那位副总裁现场指出的几个问题却让员工们不得不服气。一位国内零售企业的老总曾说，他以前发现沃尔玛将啤酒和婴儿“尿不湿”放在一起，让人很难理解，后来他在自己店里试了一下，发现效果很好，调查之后才发现，男人们在喝啤酒时很不喜欢被打扰，如果家里有小孩，就会给他（她）套上尿不湿，所以在商场购物时往往会“打包”购买。

从一些很细致的方面，沃尔玛所做的都是为了方便顾客，为了让利顾客。

将沃尔玛独特的企业文化成功移植到别的国家，是沃尔玛在全球成功的原因之一。对于新员工，沃尔玛首先就是进行职位不同的培训。沃尔玛的人力资源管理的原则是使各个环节、各个岗位的商业活动尽可能简单和规范，减少经验等因素对经营的影响。所以一旦熟悉沃尔玛的运作流程，员工成长是很快的，现在沃尔玛昆明店的总经理曾是深圳山姆会员店收货部的一名普通员工，大连店的总经理也是洪湖沃尔玛的老员工。简单规范的运作也保证了它全球连锁店的统一和标准化，迄今沃尔玛还没有开店失败的先例。

《华尔街日报》近日在一篇报道中说："在中国登陆几年后，沃尔玛连锁公司不再像初来乍到时那样手足无措了。沃尔玛不再向住处狭小的顾客竭力推销折叠梯或可供一年食用的酱油。相反，它开始卖1美元左右的烤鸡，举办吃西瓜大赛，还在一家新开的店铺里教销售人员跳Macarena舞，这些举动得到了来自购物者的积极反应。"

随着对本地市场的熟悉，随着中国的繁荣，沃尔玛在中国扩张的步伐也在加快。沃尔玛在全球的增长也看不出有停滞的迹象，据最新的财务报告，今年头39个星期的销售额达到了1557.85亿美元，比去年同期上升了13.6%，而同期的美国经济则被贴了衰退的标签。

失败并不可怕，怕的是失败后方寸大乱，无所适从，这样只会一错再错，每一次失败必定能够体现出我们某些不足，找准不足便是我们走出失败的转折点。不可能有两次完全相同的失败，从失败里找出原因，不要计较得与失，保持一个积极的心态，每失败一次必定离成功更近一步。

第三章 兵贵神速，速战速决

刘伯承元帅的用兵之道：快能生巧，快能长利；快能争取主动，快能制敌死地。快速用兵，指挥上要果断决策，切忌优柔寡断，狐疑不决；部队要有快速机动能力，在集结、行动、攻击上都要有高速度。我军在快速用兵的同时，还要注意迟滞敌人的速度。敌人速度慢了，就等于我之速度快了。

当年曹操亲率几千精兵，日夜兼程，急行军五百多里，大破乌丸。毛泽东运用速战速决的策略指挥中印边境反击战，历史上运用速战速决的战役不胜枚举。今天我们从历史的长河中淘出这粒金子，献给驰骋商场的精英们。

创业
游击战

一、战略持久与战术速决相结合

人民战争的战略战术

毛泽东的人民战争的战略战术，是中国共产党人在长期的革命战争的实践中创立的一整套战争指导原则和作战方法，具有高度的灵活性。

1．以保存自己、消灭敌人为战争的军事目的和基本原则。毛泽东指出，战争的目的，在军事方面就是“保存自己，消灭敌人”。这是“军事上的第一要义”，是一切军事原则的根据。

2．知己知彼，百战百胜。毛泽东指出，明于知己暗于知彼，或明于知彼暗于知己，都不能实行正确的作战指导，“知己知彼，百战百胜”。他指导每次革命战争，总是首先找出敌我双方在军事、政治、经济等方面的强点和弱点，据此制定战略战术，用于指导战争和作战。

3．承认积极防御，反对消极防御。基本原则是：在战略防御中实行内线的持久的防御战，在战役和战斗上实行外线的速决的进攻战；实行“诱敌深入”的方针，以“走”创造歼敌良机；通过大量的战役、战斗的进攻战，消灭敌人，逐步创造有利战略态势，把战略防御导向战略进攻。

4．慎重初战，首战必胜。在战略防御和战略进攻中，都要“慎重初战”。第一仗，是战争或战役的“序战”，它的胜败能极大地影响于全局。打第一仗，必须遵循三个基本原则，必须打胜；必须照顾到全战役计划；必须照顾下一战略阶段。简称“初战三原则”。

5．力争主动，力避被动，夺取和掌握战略主动权。毛泽东指出，行动自由是军队的命脉，失了这种自由，军队就接近于被打败或被消灭。保持主动地位，最主要的是保存并集结最大而有活力的军队；在战略上处于劣势、被动地位时，要通过许多战役、战斗的进攻战，造成许多局部的优势和主动地位，逐步夺取战略上的优势和主动地位；用战略进攻夺取绝对的战略主动权。

6．依据战略形势运用战争形式，游击战、运动战、阵地战紧密结合。

7．战场作战的基本方针是歼灭战。歼灭战，是毛泽东人民战争战略战术的核心。“对于敌，击溃其十个师不如歼灭其一个师”。歼灭战的基本方针是：以歼灭敌人的有生力量为主要目标，不以保守或夺取地方为主要目标；以集中优势兵力各个歼灭敌人为主要作战方法；先打弱敌，后打强政；在战役、战术部署方面，每战集中六倍，至少三倍于敌的兵力，四面包围敌人，务求速决、全歼、不使漏网；在战略部署方面，集中一个或两个野战军和军区的主力，实施一个战略性的进攻战役，围歼敌人的战略集团。

8．正确选择主要作战方向，实施重点打击。毛泽东把正确规定主要战略方向作为第一位的战略问题，以实施重点打击。他指出：在有强大敌军存在的条件下，无论自己有多少军队，在一个时间内，主要的使用方向只应有一个，不应有两个；只要主要战略、战役方向取胜，就能把战略、战役全局搞活。战略防御时，通常把主要战略防御方向选择在对己威胁最大的方向上；战略进攻时，把主要战略进攻方向首先选择在敌人力量较薄弱、又能威胁敌人心脏的方向上；战略决战时，把首次决战的方向选择在敌人比较孤立、少援，又能断敌退路和援路的方向上。

9．照顾战争全局，把握战略重心，实施集中统一指挥。毛泽东指出，战争胜败的主要和首先的问题，是对于全局和各阶段关照得好或关照得不好。“一着不慎，满盘皆输”。他指导战争，总是倾注全力，运筹关照战争全局，找出每一时期的战略重心，即对战争全局有决定意义的问题或行动。采用“各个击破”、“各个解决”的政策，集中主要精力和力量解决之。得手后，再转换解决另一个战略重心的问题。他要求各战区的作战都要配合战略重心的行动。为实现战略意图和计划，他强调实行集中统一的战略指挥。把灵活地使用兵力和变换战法，作为作战指挥的中心任务。

10．把战略防御导向战略进攻，以战略决战解决战争命运。毛泽东指出，积极防御战略方针的目的，是“将战略防御转变为战略进攻”，以战略决战“解决两军之间谁胜谁败的问题”。

11．发挥政治优势，切结自己，战胜敌人。中国共产党领导的各次革命战争能以弱制强、最后战胜敌人的奥妙，就是党中央、毛泽东善于发挥政治优势，高举解放人民、为人民利益而战的旗帜，从而能从军事、政治、经济、文化等各条战线上调动浩浩荡荡的大军，以血战到底的英雄气概，同敌人进行英勇的斗争。

12．进行战争动员，充分发挥战略后方的作用，保障战争胜利。毛泽东指出，要战胜强敌，必须进行军队、人民、政治、经济总动员，以造成“陷敌于灭顶之灾的汪洋大海”。采取后方供应、就地取给和取之于敌相结合的方式，解决战争的物质保障问题。以“发展经济，保障供给”、“耕战互助”、“一切服从战争”等方针、政策，动员、指导后方军民开展大生产运动，全力以赴支援战争，保障战争的胜利。

在企业管理中，在商场上，如果管理者能活学活用毛泽东的这12条战略战术，不管在什么样的情势下，无论竞争对手强还是弱，无论企业的实力是否强大，都会审时度势，利于不败之地。

战略战术结合原则

在现代企业经营以及创业中，战略持久战术速决相结合的原则，对我们的事业的规划发展也有积极的作用。

（一）不让竞争对手成为对手

西方企业战略管理思想中有一种差异战略理论，讲的是区别于竞争对手，避免同质化恶性竞争，其实类似的思想《孙子兵法》中早就提到。《孙子兵法》认为“夫用兵之法，全国为上，破国次之；全军为上，破军次之；全旅为上，破旅次之；全卒为上，破卒次之；全伍为上，破伍次之。是故百战百胜，非善之善者也；不战而屈人之兵，善之善者也。”孙子指出战争谋略的最高境界是“不战而胜”和“全胜而取。”如何不战而胜呢？孙子进一步指出：“上兵伐谋，其次伐交，其次伐兵，其下攻城。攻城之法为不得已。”“故善用兵者，屈人之兵而非战也，拔人之城而非攻也，毁人之国而非久也，必以全争于天下，故兵不顿而利可全，此谋攻之法也。”从企业经营管理来看，孙子兵法中不战而胜的战略目标，对当今企业战略目标的制定很有启发意义。它启发经营者要注意产业边界的可变性，不要纠缠在一个特定产业中进行残酷竞争和价格战。战略决策时要通过价值创新创造企业间的战略差异，战略的最高境界是“不让竞争对手成为对手，而不是打败对手”。

（二）知变则胜，守常则败

新世纪企业是基于能力、时间、速度的竞争。《孙子兵法》中的一些基本战术原则与竞争战术有相通之处。我们简要列举如下：

1．出奇制胜原则

“凡战者，以正合，以奇胜。故善出奇者，无穷如天地，不竭如江河，奇正之变不可胜究也。”出奇制胜是军事行动的常法，也是在经营管理的竞争中争取主动，夺取胜利不可不知和，不能不用的方法之一。出其不意，攻其不备，乃取胜之道。在经营管理活动中，亦要采取不同于别人的战略和策略，以在商战中取得主动权。

2．速度领先原则

孙子兵法提出“兵贵神速”的思想，“兵贵神速”用于商战则是“快鱼吃慢鱼”。在“快鱼吃慢鱼”的时代，抓住用户，抓住市场便是抓住了未来。最先介入利润丰厚领域的企业，就会迅速席卷市场，吞并掉那些发展速度缓慢，对市场感觉不灵敏的企业。从这个角度上来说，企业发展的速度，无疑是非常重要的。企业要想在激烈的竞争中生存下来，就需要培养危机意识，加快决策步伐，创造竞争优势。盛大网络收购新浪就是一个典型，盛大网络起步比新浪迟，但发展速度快。2005年2月19日，中国最大的网络游戏运营商上海盛大互动娱乐有限公司宣布，通过纳斯达克市场成功购进新浪公司近两成股份，共花费2.3亿美元。这家刚刚上市半年多的网络新贵一跃成为大陆第一门户网站新浪网的最大股东。

3．通于九变原则

将用兵时，“涂有所不由，军有所不击，城有所不攻，地有所不争，君命有所不受。治军不知九变之术者，虽知五利，不能得人之用矣。故兵无常势，水无常形，能因敌变化而取胜者，谓之神。”

常见企业战略问题分析

从理论上看战略管理的概念很容易理解，它的重要性也毋庸置疑，但是在实践中，众多公司常常处于无序和无战略的状态。有很多公司成功的案例，靠的是起步早、胆子大、有关系，随着市场环境的变化，这些都无法为企业提供持续发展的动力，企业必然要在企业战略的指导下进行全面的能力竞争，因循守旧、抱着成功经验不放、抱怨市场环境恶劣的企业只能逐渐被淘汰。根据《科学投资》采访调查和研究，中国企业的平均寿命只有8年，中小企业平均寿命大体也就在3～4年之间。中国每年有近100万家企业倒闭，所谓建百年老店不过是一厢情愿。什么导致了企业“短命”？战略问题是关键原因之一。

1．没有战略或摇摆不定

有些企业没有战略或是脱离宏观、行业环境，对行业中企业发展规律的缺乏全面深刻了解，以公司历史经验或领导人直觉，依葫芦画瓢定一个所谓的战略，没有明确的方向，不知道往哪里走。今天看着房地产是热点，明天又觉得IT是发展方向，后天又想在生物制药上拓展一下。

这种企业往往表现为：领导人陷于繁杂的事务工作中，不是忙于开会就是忙于签字报销，再就是忙于协调上上下下的矛盾和冲突。内部对企业发展方向没有形成统一的认识，质量部门说“质量是企业的生命”、人力资源说“人才是企业的基石”、营销部门说“顾客是企业的衣食父母”、研发说“创新是企业不竭的动力”、财务说“我们要通过资本运作从一分一分挣钱变成一块一块挣钱”……大家都不错，但是劲不往一处使。企业被短期利益左右，员工只盯着每月的考核。企业成了打游击战，打一枪换一地，员工成了雇佣军，钱多多干，钱少少干，不想混的和混不下去的换个地方干。

2. 只有发展没有紧缩

言战略必是发展、增长，却不知维持和紧缩也是战略选择之一。某IT企业成立于1993年，该公司专注于输入技术，在国内IT行业最景气的90年代中后期，趁势而起成为行业的领先企业，进入2000年以后，公司进入平稳发展期，积极寻求实现产业突破，涉足了多个领域，其中2001年公司开始了电脑外设产品的拓展，以鼠标作为突破口，3年过去了，该业务销售毛利的贡献率仅为全公司的0.5%，之所以造成如此的状况的原因有下：

第一，该方向是典型的规模化生产的薄利通路型产品，依赖于强大的生产制造能力，该公司源于软件企业并不具备大规模生产制造能力，公司核心产品和其他产品均属于小规模多批量生产型产品，因此成本居高不下，再加上套用公司核心产品高毛利的定价策略，产品一直在市场是最贵的鼠标品牌之一，而公司的品牌在这个领域并没有建立起与之价格相匹配的品牌形象；

第二，由于是通路型产品，必然需要大量铺货，增加代理，提高销售曝光率，这就与该公司的区域独家代理的渠道结构多次发生冲突，结果该产品在一些重要的区域市场几进几出，产品形象荡然无存；

第三，公司为扭转该业务量小、利低、各地代理兴趣不大、营销部门投入不足的问题，又引进了产品性质类似的小数码产品，希望通过丰富产品线的办法，改善该业务的状况，但是新引入产品与鼠标遭遇同样的问题，这个业务部门的人换了一茬又一茬，仍是没有显著改变。从行业和公司内部资源与能力的来看，这类业务我们认为是典型的“瘦狗”业务，继续投入只能造成更大的资源浪费。

很多企业都出现类似的情况，在企业总体战略上或是某一些业务上该停的时候没有停，该放的时候没有放，大量资源投入后成为沉没成本，造成无法弥补的损失，还极大地挫伤了员工的积极性。这里面的原因是多方面的，企业缺乏战略眼光是一个方面，固守僵局，期待奇迹出现扭转颓势，或是因为感情因素，舍不得放弃企业创建和发展时的“安身立命之本”。更多的原因是企业内部人员缺乏全局观念排斥稳定和紧缩，因为这将意味着资源和权力的重新配置，也意味着承认管理者失败。

3. 职能战略(战术)代替企业战略

我们常常看到各种各样企业战略被提及，比如：人才战略、生产制造战略、IT战略、品牌战略、营销战略、成本战略等等，这些实际是职能战略，他们回答的是企业怎么达成目标的问题，而不是企业战略。企业战略是一个有纲有目、纲目并举的整体。企业战略决定了业务战略和职能战略，职能战略是企业战略的支撑。

往往有很多企业将这两者混为一谈，以职能战略代替企业战略，这种企业往往表现为：一个部门独大，“老子天下第一”，其他的营运和支持部门都得围绕我转。企业竞争片面的依赖于某一部门。一旦该部门发展受阻，整个企业就陷入崩溃，前几年的秦池、三株、摩托罗拉铱星公司等都是这方面生动的案例；或是某些部门发展太快，其他部门衔接不上，企业内部出现脱节，内部问题越积越多，到达临界点时一旦爆发，出现难以挽回的局面。

以某企业为例：该企业成立于1997年，是从事主食生产和销售的连锁型企业，2001开始涉足熟食和京味传统小吃，2003年开始着手进入餐饮业，员工有500余人，以超市专柜和专卖店为主要销售方式，企业的发展是与90年代后期超市连锁产业在北京的蓬勃发展紧密联系的，企业先后与京城大型的几家超市连锁企业沃尔玛、超市发、易初莲花、京客隆、万客隆等建立长期合作关系，销售网点迅速在京城铺开实现了快速扩张，2003年的网点达到132家，销售区域覆盖了包括北京全部城区以及大兴、通州、昌平等地区，企业连续3年被北京市商委评为优秀中小企业，连续5年取得了50%以上的增长速度。但是随着企业的扩张，企业领导越来越感觉企业难以控制，外部客户投诉增多，质量问题频发，几次被报纸点名曝光，内部部门协调困难，经常出现部分网点断货问题，人员流动率上升，在公司服务3年以上员工不到10%，50%以上员工服务不到1年。管理成本上升迅速，虽然公司营业额比3年前增长了2倍，单品的毛利也没有下降，但是公司的盈利还不如3年前。

二、兵贵神速，抢先半步，占领先机

“兵贵神速，领先半步”强调的是思路、机制上的领先以及把握好领先的度。只领先半步，最多可领先一步，所谓“一步”，就是说至少在舆论上已经有了这种基础，还没人敢干；所谓“半步”，就是舆论上已经成熟了，也有人想干，但还没来得及干。把握好这个“度”，既可以保持领先的优势，又可以避免盲动的错误。

曹操大破乌丸

曹操打败了据有冀、青、幽、并四州的袁绍，杀了袁绍长子袁谭，袁绍的另外两个儿子袁尚、袁熙就逃走，投奔辽河流域的乌丸族首领蹋顿单于。蹋顿乘机侵扰汉朝边境，破坏边境地区人民的正常生产和生活。曹操有心想要去征讨袁尚及蹋顿，但有些官员担心远征之后，荆州的刘表乘机派刘备来袭击曹操的后方。

郭嘉分析了当时的形势，对曹操说：“你现在威镇天下，但乌丸仗着地处在边远地区，必然不会防备。进行突然袭击，一定能消灭他们。如果延误时机，让袁尚、袁熙喘过气来，重新收集残部，乌丸各族响应，蹋顿有了野心，只怕冀州、青州又要不属于我们了。刘表是个空谈家，知道自己才能不及刘备，不会重用刘备，刘备不受重用，也不肯多为刘表出力。所以你只管放心远征乌丸，不会有后顾之忧的。还有，你要慎重！”曹操于是率领军队出征。到达易县后，郭嘉又对曹操说：“用兵贵在神速。现在到千里之外的地方作战，军用物资多，行军速度就慢，如果乌丸人知道我军的情况，就会有所准备。不如留下笨重的军械物资，部队轻装，以加倍的速度前进，乘敌人没有防备发起进攻，那就能大获全胜。”

曹操依郭嘉的计策办，部队快速行军，直达蹋顿单于驻地。乌丸人惊慌失措地应战，一败涂地。最后蹋顿被杀，袁尚、袁熙逃往辽东后也被太守公孙康所杀。

一个企业的管理者，要有郭嘉一样审时度势的能力，在对手觉得你不敢行动的时候，就已先敌半步了；还要有郭嘉兵贵神速的机警，抓紧宝贵时机，轻装前进，就又快对手半步。快人一步，企业又怎会不发展壮大？

红军飞夺泸定桥

1935年3月，中央红军长征先遣队，抵达大渡河南岸的安顺场渡口。这曾是70多年前太平天国将领石达开率军渡河未成而遭全军覆灭的地方。蒋介石得意忘形地叫嚣：“让共军做第二个石达开。”

但是，蒋的预言没有实现，红军组织了17名勇士强渡大渡河，占领了渡口阵地，然后利用唯一的一只渡船进行抢渡。此时，蒋介石也正急令重兵追堵。红军船少人多，若都在此渡河，必然费时太久。为了迅速渡过河去，军委决定抢夺安顺场北面的泸定桥。

红四团接到命令后沿着河西岸向泸定桥进发。这时敌人两个旅的援兵也在河东岸向庐定桥急进。5月28日早上，红四团接到上级命令：“29日早晨夺下泸定桥！”当时红四团距泸定桥还有240里，可时间只有20多个小时了。他们决心抢在敌人前面到达泸定桥。红军一路翻山越岭，沿途击破敌人的多次拦阻。天黑后，我军发现了对岸增援之敌点着火把赶路，于是红军索性也点起火把急进。敌人看到这边的火把便高喊：“哪一部分的？”红军高声答话：“碰上红军撤下来的。”敌人丝毫不怀疑。于是两支队伍像两条火龙，隔着大渡河向泸定桥方向而去。大约走了近30里路，下起大雨，火把被浇灭了，敌人只好停下来宿营，而红四团却摸着黑冒雨继续前进。就这样，他们一天强行军240里，终于赶到敌人之前于5月29清晨赶到泸定桥。泸定桥跨于河水湍急、两岸高山的大渡河上，长100多米，由13条铁链组成。桥对岸是泸定城，守城之敌有两个团。他们妄图凭借这天险阻止红军前进。下午4时，由红四团第一营二排组成的22名勇士突击队，在连长廖大珠的率领下，冒着敌人密集的枪弹，攀上铁索奋不顾身地向对岸冲去。经过激烈战斗，一举攻占了左岸侨头堡，夺取了泸定桥，为中央红军的北上打通了又一条路线。红军主力通过泸定桥源源不断地渡过了天堑大渡河。

现代社会的飞速发展，使各种经济活动日新月异地变化。经营者必须适应时代的高速度、高节奏，才不致从竞争的飞车上跌落下来。不论你有多少宏伟的规划，也不论你有多少雄厚的资本和得天独厚的条件，如果你不知道珍惜时间，就会失去机会，失去优势。时间对于军队来说就是胜利，就是生命；对于商人和企业家来说，就是金钱，就是股份。

“快”字当头，捷足先登，在现代商战中表现为：快速收集信息、传递信息，快速更新产品，快速周转货物，快速投放市场。这是取得成功的主要因素。在转产或推出新产品时，更应快速组织生产、快速广告宣传，快速投放市场、快速占领市场。

皮扎饼公司的承诺

美国多米诺皮扎饼公司的经营决窍是："半小时内把货送到。"汤姆·莫纳汉靠送货快捷建起了一个生产10亿美元的皮扎饼王国。这位44岁的企业家现在领导着世界最大的皮扎饼送货业公司——多米诺皮扎饼公司。去年，该公司在2500家零售店中卖出了价值10.08亿美元的皮扎饼，销售额比前一年上升373%，收入高达5.39亿美元。在顾客订货后半小时内就要把货送到，这就是说莫纳汉的皮扎饼店始终处于紧张状态。常常一大早当订货的电话一挂上，皮扎饼就被送进烤箱，同时送货的司机迅速奔向装满热气腾腾的皮扎饼的汽车。正如莫纳汉说："你必须分秒必争，在送货这一行中容不得拖延。如果你不能及时把货送到，那么一切都完了。"

农民厂长的时间观

王学忠是河北省某县一家刚刚起步的乡办服装厂的厂长。1989年春节，王学忠的一家美国客商要其在短期里拿出一批西装样品，否则就转向别国订货。为此，王学忠打破农民过大年不干活的习俗，迅速通知服装厂职工立刻回厂上班。他知道，这个机会是来之不易的，年可以不过，但错过这个机会，就等于丢掉了大批的经济效益。经过紧张的研制，3天之后，一批质量上乘的精品制成了，美商见货后爱不释手，不住地称赞，同时也为王学忠高质量高效率竖起了大拇指，于是，当场拍扳签订了一万多套西服的合同。

就这样，王学忠利用时间差，打了一个漂亮的速决仗，仅用3天时间，就敲开了国际市场的大门。

食品厂长的敏锐

李波是北方一家肉食品加工厂的厂长，他善于从各种报纸和电视、电台的报道中捕捉信息。当他得知两伊战争不断升级，立即预感到战争定会影响中东国家对国际市场肉类的供应量，还敏锐地意识到这个大好时机是很短暂的。于是，他立即从四面八方组织货源，利用食品加工厂现有的技术、人才，迅速生产一大批牛肉、马肉罐头，并想方设法打入国际市场。情况果然不出所料，当那些西欧、中欧国家得不到原与中东国家签订合同的罐头货源时，便纷纷购买中国罐头。于是，这个不起眼的肉食加工厂，因为反应快，动作也快，获得了巨大利润。

坚持“领先半步”的三联

三联闻名全国，始于2000年的郑百文重组。此前，三联已经在山东大地上默默耕耘了15年，晋身山东省八大企业集团之一。

从1985年创业至今，三联从一个资产106万元、负债却达460万元的集体小厂，发展成为目前拥有近40亿元净资产的特大型企业集团，成为一个以服务业为主导产业，以知识密集、技术密集、资金密集为特征的大型、综合性经济组织，成为山东省政府重点培植的骨干企业集团，旗下的六大产业板块——房地产、商贸、电子信息、旅游、投资银行、传媒等已经形成了全国范围内的竞争优势，集团还控股一家上市公司三联商社股份有限公司。

很多人都认为三联的成功是个传奇，事实上三联成功中没有任何偶然性。三联能够取得今天的成就，是因为在“领先半步，超越竞争”的理念下，尽可能地挖掘了时代赋予企业发展的机遇。

创业者的一个共同特点，就是眼光始终盯着前方。

从80年代后期，由于连锁店在国外的蓬勃发展，三联开始在山东龙口、莱州、东营等地开设了五家家电连锁店，但因为三联的机制还没有足够成熟，辐射力还不足够强等原因先后夭折。这个教训也促使三联进一步明晰了自己的经营理念：办企业必须要创新，必须要领先别人，但也不能领先太多，走得太快难免要摔跤，理想的境界是“领先半步，进入无竞争领域”。

竞争是市场经济普遍规则，但高明的竞争策略应该是“创造无竞争”。所谓“无竞争”，首先是要开辟无竞争的领域，也就是从无到有，创造市场，从而使企业获得“先发优势”；其次是要创造无竞争的环境。通过人才、技术、品牌等资源的积累，通过规模档次的提升，通过经营机制和管理模式的创新，企业可以提高竞争门槛使竞争对手和自己根本不具有可比性，从而营造出“无竞争的环境”。“领先半步，进入无竞争领域”是激情与理智、进取与稳健、借势与造势相统一的经营哲学。

三联所有创业行动，都是在“领先半步，进入无竞争领域”的思维模式下进行的，并且总是机缘辐凑，水到渠成。

兵贵神速，正如叶剑英元帅所说：“在一定条件下，时间因素对战斗的胜败起着决定的作用。”其作用如林彪所说：“有时作战增加一个营、一个团都不能解决问题，而提早一个钟头就可以解决问题。如果你是进攻，就把敌人抓住了；如果你是防守，由于你意在敌先，敌人便拿你没办法了。率领军队战斗如此，带领一个企业参与商战也是如此。现代社会是快鱼吃慢鱼的时代，谁能够及时发现市场需求，快速组织资源，形成产品或服务来加以满足，谁就能尽得商机，占据主动。对市场变化的反应速度，越来越成为决定企业成败的关键因素。退却，就能摆脱敌人。在这种情况下，争取一个钟头抵得上一个团、一个师的力量。”

三、打一枪换一个地方，船小好调头

你打你的，我打我的。我打你时，就能吃掉你；你打我时，叫你看不见，打不着。有什么武器打什么仗，对什么敌人打什么仗，在什么时间地点打什么时间地点的仗。在运用谋略、兵力和作战方法上，高出敌筹，趋利避害，扬长避短，以我之长，击敌之短。

小企业的定位

中小微企业相比大企业来说，好处是船小好调头，应该很灵活，能够根据市场发展的不同情况去调整自己的战略。危机到来之后，中小微企业能及时随着外部环境进行调整。

我们通过饮料行业中的几个成功品牌来分析下，他人是如何及时调整方向，找准自己的定位的。

1. 小企业找准方向，挖掘区域优势

很多中小企业只专注于自己力所能及的区域，某个省，某个城

市，某个渠道，甚至某个很小的地盘。福建省的饮料第一名是谁？可口可乐？娃哈哈？康师傅？王老吉？当然都不是，而是惠尔康。全国饮料竞争最激烈的当属上海市场。可是，延中盐汽水在这里卖的就非常好，超过很多大品牌。

在功能饮料市场，要能在某个省，某个城市，某个小地方卖赢红牛，也几乎是不可能的。但是在广州的几个物流市场、批发市场，虎力士饮料成功地做到这一点。虎力士用极低的代价，在很小的区域一个月就能销售成千上万箱饮料，获得可观的利润。

总结：找到一个小的区域或者渠道，能坚守下来，这也适合国内很多的中小饮料企业。

2. 人口游击战

以前曾经出现过一种叫他+她-的饮料，这种饮料是一个明确提出来饮料要针对不同性别、年龄的人口的。他+，含有牛磺酸，可以补充体能；她-，含有膳食纤维因子，可以有帮助减轻体重的作用。这两款饮料，都是针对年轻一族，特别是爱运动：爱好打球、街舞之类的时尚运动一族。

不过，在前期的巨大成功下——招商3个亿，他+她-违反了游击战的规律。公司迅速的全国扩张，大量招聘销售人员，猛投广告，自然最后很快就败下阵来。

如果他+她-只是守住某个区域市场，同时打人口游击战和区域游击战，那么到现在还会活的好好的。

3. 高价位游击战

在高价位的高浓度果汁市场，汇源连续多年是第一，市场占有率遥遥领先第二名、第三名。竞争对手都以百事可乐集团为靠山，无数次的猛烈进攻汇源，可惜都是无功而返。可口可乐冷静地观察这一切，最后他决定打资本并购战，不打营销战。179亿的收购价，是对汇源高价位游击战的最好肯定。

价格高，对于全国同类企业来说是劣势，但是对于区域企业，对于打游击的企业，也许是个好办法，只要你的产品质量与价格是同步的，当地的消费者还是清楚的。一个伟人临终前说过：历史是人民写的——借用这句话，价格是由消费者说了算。

学会倾听消费者

企业要把耳朵贴在地上倾听，并与消费者保持同一“波长”，及时调整方向，找准企业在市场的定位，这样才能听到消费者的心声。再把竞争者的“缝隙”与消费者的心声匹配起来，企业就能乘虚而入，攻占滩头阵地了。

“Qoo酷儿”是可口可乐公司针对亚洲市场研发的一种特色果汁饮料，在亚洲市场所向披靡，所到之处“Qoo”声一片！

1999年11月，“Qoo酷儿”在日本研制成功，2001年即成为可口可乐的第三品牌（继可口可乐和芬达之后）；2001年4月在韩国上市，迅速跃升为当地果汁饮料第一品牌及饮料第三品牌，销售量超过预计量6倍；2001年6月在新加坡上市，迅速成为当地第一果汁品牌；2001年10月，Qoo酷儿在台湾上市。可口可乐台湾分公司对外事务总监王玲玲表示，Qoo酷儿果汁的销量远远超过预估量的3倍，上市仅3个多月，单人销售量就为韩国、日本市场的2倍，并且还曾出现通路供不应求的缺货窘境，成为当地消费者最喜爱的果汁饮料。

Qoo酷儿果汁饮料的成功，让蓝色大头娃娃“酷儿”成为家喻户晓的名人，虽然是一个虚拟的角色，可其影响力远远超过一些俊男美女。

1. “酷儿”是如何诞生的呢？

根据专门报导各式当红角色与相关商品的《Momo》杂志的报道：之所以叫做“Qoo”的原因在于，喜欢喝啤酒的日本成年人，每当喝了好喝的啤酒后，就会满足地发出“咕咕”的声音。可口可乐日本分公司由此展开联想，在开发儿童饮料市场时，模仿出小朋友喝起来近似于“Qoo”的声音，推出“Qoo果汁”，从而一发不可收拾。除了以“Qoo”命名的果汁热卖外，Qoo酷儿还拥有不少Qoo迷，甚至还有人主动为Qoo制作了七百多个Qoo网站，俨然成了一个超人气小明星。

Qoo酷儿果汁为何能够在竞争激烈的果汁饮料市场取得如此成功？

不同地区的Qoo酷儿果汁是有差别的，为了让Qoo酷儿果汁符合台湾本地使用者的饮用习性，可口可乐公司不断地调查、研发及试喝，调制出适当比例的配方，因此亚洲区Qoo酷儿果汁的产品包装、口感及味道皆略有差异，这是可口可乐本土化思考和执行的体现之一。

可口可乐台湾分公司总经理指出：“Qoo果汁的上市，是可口可乐台湾分公司在台湾实践全方位饮料公司的重要里程碑，并秉持从‘本地思考与行动’的策略，扩展在非碳酸饮料市场的经营。”

另外，根据台湾儿童福利文教基金会做过的一项“儿童生活快乐指数”的调查发现，有将近一半的小学儿童体会不到快乐。同

时，要打入儿童饮料市场，得先通过父母亲严格把关。事实上，可口可乐后来发现，这款饮料购买者有65%是妈妈。

对于本土消费者的深入调查与了解，为Qoo酷儿果汁找到了准确的定位，对Qoo酷儿角色个性有了很好的概念之后，就可以对营销的各种工具进行整合了。

Qoo酷儿果汁在台湾上市初期，透过果汁中的健康配方及投射在代言人Qoo酷儿上的乐观、分享的个性传递“健康”、“快乐”这两大诉求。而为了突破妈妈对饮料的心防，酷儿的产品更是打从一开始就号称添加维他命C及钙，虽是含糖果汁，但强调可以喝得快乐又健康。

2. 为什么小孩都爱“酷儿”？

“我们要建立并且清楚传达Qoo酷儿的个性——快乐、喜好助人但又爱模仿大人，而这种个性正是一般小朋友的面貌”，可口可乐分公司新品牌行销总监说，“塑造出这个有点儿笨手笨脚、但又不易气馁的蓝色Qoo酷儿，让小朋友看到Qoo酷儿就像是看到自己。”

Qoo酷儿在电视广告中显得可爱、快乐，让不少观众因为Qoo酷儿而采取购买行动。根据润利公司“Qoo果汁电视广告效果调查”，在看过Qoo果汁“动物园篇”广告的观众中，有一半以上的人喜欢这个广告，高达65%的人认为Qoo酷儿很可爱，其中更有47%的人会因为喜欢这个广告而有购买Qoo果汁的意愿。

不仅是可爱的Qoo酷儿讨人喜欢，Qoo果汁朗朗上口的广告歌曲也成了小朋友的流行曲。这首请侯志坚作词、作曲兼演唱的“儿童流行歌曲”甚至跨越年龄界限，蔓延到高中，还有音乐班学生将

Qoo歌当作助兴节目表演。

“要在最短时间内，让新上市的Qoo酷儿果汁拥有高知名度，建立Qoo酷儿的品牌形象”，有关人士表示。除了在上市1个月内砸下近1千5百万台币的电视广告预算以外，台湾可口可乐公司更与儿童电视频道合作，让蓝色Qoo酷儿每天在东森幼儿台的节目里，用5分钟的时间播放Qoo歌，教电视机前的小朋友跳特别设计的Qoo舞，连续跳了两个月。

Qoo果汁还针对小朋友，尤其是中高年级使用网路媒体的特性，特别建立、操作着专属于Qoo酷儿迷的网路社群。在网络上建立“酷儿的家”网站进行网站行销，结合网路及角色行销吸引3～15岁这个年龄段的儿童或青少年的注意。透过网路的传递，连尚未在台湾上映的日本版Qoo酷儿果汁电视广告，经由电子邮件热情的转寄，也广为流传。Qoo网站开张3个月，就吸收了7.8万个会员，而且其中高达77%，也就是4.1万个会员都是Qoo果汁的目标消费群——儿童与青少年。

3. 让酷儿进入小朋友的生活

让Qoo酷儿大玩偶直接与小朋友来场面对面的接触，传递Qoo酷儿独特的品牌形象——快乐、喜好助人、更爱模仿大人的真性情。上市才两个月，Qoo酷儿就至少与30万个小朋友有了面对面的接触。

为了精准地接触小朋友，为Qoo果汁规划行销活动的群策行销总经理选择在亲子同游的热门地点——木栅动物园，作为Qoo果汁上市时“Qoo全民运动”造势活动的绝佳地点。

Qoo果汁的“动物、童乐、比酷营”活动至少吸引了3万人玩比酷游戏，约占当天4万多的入园人数的70%，也就在动物园里每3位参观人中，就有两位玩过比酷营活动。至于参加游戏需要的1.5万份通关护照，也在当天索取一空。

从动物园的“比酷营”活动到“校园走透透”的面对面接触，“可口可乐很周到地用Qoo歌与Qoo舞抓住了小朋友的心，更厉害的是这些活动成为大家讨论的话题”，一位角色行销专家这样评论。

除了让可爱的Qoo酷儿在消费者脑中留下深刻印象之外，台湾可口可乐甚至还举办了日本Qoo酷儿没有的赠品活动，增加小朋友对饮料的认同度。从贴纸、文具组，到手提袋、钥匙圈等26种印有Qoo酷儿图案只送不卖的赠品，让小朋友从上课到在家写作业，满桌都是心爱的Qoo酷儿陪伴着，半年已送出去150万个赠品。

小朋友会因为喜好Qoo酷儿随罐附赠的各种小赠品而不断购买Qoo果汁，为搜集到Qoo酷儿最完整的系列赠品，小朋友会与同学互通有无、彼此通报哪个通路可以买到附有不一样赠品的Qoo果汁。于是，在台湾引爆了更狂热的采购风，平均每人饮用Qoo果汁的数量是日本与韩国的2倍。可口可乐聪明地运用赠品策略，让Qoo酷儿迷为了收集到不同颜色、不同种类的相关产品不断购买Qoo果汁，直接提高了业绩。

Qoo酷儿在台湾市场获得了空前的成功，同时被评为2001年台湾十大优秀行销个案。但其在中国大陆的情况是怎样的呢？

目前大陆果汁饮料市场竞争非常激烈。除康师傅鲜的每日C、统一鲜橙多外，娃哈哈、健力宝等都先后推出果汁饮料，而国内果汁饮料的龙头企业汇源集团则更是在去年斥巨资从国外引进了60多条无菌灌装生产线。此外，澳大利亚的金环、丹麦CO-RO公司的Sunquick及其他一些洋果汁也已经在许多超市登陆。

携台湾酷儿旋风之势，Qoo酷儿2001年底在西安、郑州、杭州上市后，三个月就完成了预订的全年销售额，随后又在广州、青岛、上海等城市上市。

由于国内市场庞大而复杂，市场环境与台湾有相同也有不同，可口可乐在吸收亚洲其他地区的上市经验，特别是台湾市场的行销策略后，坚持本土化的思考与执行，添加了大陆特色的行销策略。

Qoo酷儿在台湾是全面铺开，而在中国大陆则是有选择地、分地区地、逐层次地推广。2002年3月初，可口可乐在广州宣布：投入1亿元人民币推广Qoo酷儿，并力争拿下40%的果汁饮料市场份额。在可口可乐“酷儿”广州见面会上，马车拉着“酷儿”的卡通形象在天河城亮相，直接吸引5～12岁的儿童。之前，“酷儿”已经在西安、杭州和郑州面世，但可口可乐最终还是选择将广州作为其向全国大规模推广的起点站。

大陆的Qoo酷儿与台湾的Qoo酷儿在个性上也有点儿不同。2002年伊始，央视著名主持人鞠萍即携一个可爱的“酷儿”宝宝来到郑州，参加“酷儿好少年新年联谊会”。鞠萍和“酷儿”卡通形象受到郑州市的近300名优秀小记者、省实验小学的优秀学生代表及各界媒体记者的热烈欢迎。大陆酷儿想树立一个爱劳动、爱学习、活泼可爱的健康形象，希望小朋友们通过对“酷儿”的了解，能够和他一样成为校园的好学生，家里的好帮手。

Qoo每到一地，首先便是与目标消费群小朋友见面。3月10日，Qoo在福州开了一个别开生面的上市生日PARTY，大大的脑袋、圆圆的脸、可爱又乖巧的卡通人物“酷儿“吸引了众多小朋友的目光。

"酷儿"清新可人的形象在当地市场迅即成为家喻户晓的热门话题。在青岛也是一样，与现场100多名小朋友和数百名观众见面。

借鉴台湾市场的成功经验，与麦当劳热卖史诺比玩具、Kitty猫，肯德基热卖叮当玩具一样，可口可乐在大陆推出Qoo之余，也设计了各种诱人的纪念品配合产品销售。

可口可乐的Qoo酷儿能在这样竞争激烈且产品同质化程度非常高的果汁饮料市场中创造3个月完成预订全年销售额的成绩，并令许多儿童哭着、闹着要父母买Qoo，这已是一个不错的业绩。当然，商战永不停息，现在还不到统计战果的时候。我们知道有限的货架空间、价格等阵地都不是关键，真正重要的阵地在消费者的脑海中，一块只有8英寸左右大的地方。Qoo酷儿在大陆市场已深获小朋友的喜爱，从这个意义上说，其离成功不会太遥远。

Qoo酷儿果汁之所以在亚洲果汁饮料市场人气极旺，其成功的秘诀就在于通过市场调查，在果汁饮料市场中找到了一片空白市场，然后设计出Qoo酷儿这种角色来拉近消费者与品牌之间的距离。角色行销方式功不可没，透过线条简单的蓝色虚拟人物，Qoo酷儿不但成为小朋友心目中的偶像，连各年龄层的大朋友也为它着迷。

Qoo酷儿之所以成功，就是它商战策略的胜利。准确的定位，零距离地接近消费者，倾听消费者的心声，最终真正走进消费者的心。

第四章　知己知彼，创业成功大前提

孙子的名言"知彼知己，百战不殆"，是战争中科学的真理。对于企业管理来说，也是行之有效的至理名言："知彼知己"要求企业的领导者知道和掌握两方面的情况，即外部环境和企业自身。只有对"彼"和"己"的各个方面、各个环节都了如指掌，才能如孙子所说"动而不迷，举而不穷"，扬长避短，提高决策的自觉性，减少盲目性，使企业沿着正确的航道顺利前进。

创业
游击战

一、正视现实，准确定位，切忌盲动

企业发展一定要正视自己的现实情况，准确定位，想要船行得快，行得稳，首先把方向找准，在正确的方向上使劲，企业这艘船才能行得远，行得稳。切忌没有对自身准确定位的前提下，盲目行动。

IBM为什么要出售PC业务?

“当初IBM将PC业务出售给联想，是因为我们不可能同时‘脚踏两条船’。”IBM全球高级副总裁LindaSanford在接受搜狐IT采访时首次深层次透露出售IBM的PC业务内因：“当时我们处于一个交叉路口上，我们可以进行选择，一个是高端市场，比如IT服务，一个是硬件产品，而两个世界的玩法是不一样的，我们必须放弃一个而重组产品组合，这是我们的战略决策，最后我们选择了高端市场。

Linda有着IBM首席转型官的美名，多年以来，其承担着IBM全球转型，走全球整合道路的理论建设者和实际操盘手的角色。2005年，联想曾斥资12.5亿美元收购IBM的PC业务，同时IBM以每股2.68港元的价格买入联想股票。当时这一轰动业内的大事，自然也是Linda的得意之作。Linda向搜狐IT表示，当时整个市场都发生了变化，IBM也一直在考虑这一变化。“当时市场上的业务分成了两部分，一部分是需要产量大，变成很多的商品，另外一部分是产品的价值，也就是整合式的解决方案。”

当时，IBM公司在上述两部分中都有涉足。“这些部分的商业策略和管理策略、评估策略都不一样，对于IBM公司来说想两个都做好是很困难的，IBM就仔细考虑，我们决定应该侧重于高价值的产品。”Linda说。

Linda进一步透露，IBM在制定策略时进行了反思，有时候不一定是被售业务本身不好，而是IBM不能把该业务做得最好，通过很多分析，IBM认为个人电脑不是自己的强项，所以决定把它卖掉。“我们把一些东西扔掉以后，可以将更多的注意力集中到高价值产品上。这是我们的一个战略决定，我们需要考虑市场变化的情况，需要考虑产品的组合。所以我们做了一个决定，把PC事业部卖给了联想。当然，联想公司在产量方面做得非常好。”

其实，PC也并非是IBM唯一扔掉的一个部门，出于战略选择的考虑，以前IBM也扔掉了很多诸如硬盘、显示器、打印机等业务。

奇瑞为什么能占得一席之地？

奇瑞汽车公司，作为一家中国地方汽车企业，却能在激烈的市场竞争中做得更强而获得重要地位，一个最大的原因，就是源自几年以前其对自身的准确定位。

微型客车曾在1990年代初持续高速增长，但是自1990年代中期以来，各大城市纷纷取消面的，限制微型客车，微客被大城市列在“另册”，受到歧视。同时，由于各大城市在安全环保方面要求不断提高，成本的抬升使微型车的价格优势越来越小，因此主要微客厂家已经把主要精力转向轿车生产，微客产量的增幅迅速下降，从2001年到2003年，微客的产量年增长幅度分别为20.41%、33.00%、5.84%。

在这种情况下，奇瑞汽车公司经过认真的市场调查，精心选择微型轿车打入市场。它的新产品不同于一般的微型客车，同是微型客车的尺寸，却采用轿车的配置。QQ微型轿车在2003年5月推出，6月就获得良好的市场反映，到2003年12月，同时获得多个奖项。最后，凭借奇瑞“旗云”、“东方之子”等性价比较高的轿车，并且凭借自主品牌的优势与合理的价格优势向国外出口轿车产品，已经在全国形成相当的知名度。

可见，企业必须重视战略定位，准确的战略定位，将为企业的发展指明方向。否则，收获的将极可能是市场上的惨败。

准确定位是打开市场的关键

在2002年以前，从表面看，红色罐装王老吉是一个活得很不错的品牌，销量稳定，盈利状况良好，有比较固定的消费群，其红色王老吉饮料的销售业绩连续几年维持在1亿多元，发展到这个规模后，管理层发现，要把企业做大，要走向全国，他们就必须克服一连串的问题，甚至连原本的一些优势，也成为困扰企业继续成长的原因。

而这些所有困扰中，最核心的问题是企业不得不面临一个现实难题——红色王老吉当“凉茶”卖，还是当“饮料”卖？

现实难题表现一：现有广东、浙南消费者对红色王老吉认知混乱。

在广东，传统凉茶（如冲剂、自家煲制、凉茶铺等）因下火功效显著，消费者普遍当成“药”服用，无需也不能经常饮用。而

"王老吉"这个具有上百年历史的品牌就是凉茶的代称，可谓说起凉茶想到王老吉，说起王老吉就想到凉茶。因此，红色王老吉受品牌名所累，并不能很顺利地让广东人接受它作为一种可以经常饮用的饮料，销量大大受限。

另一个方面，红色王老吉配方源自香港王氏后人，是国家批准的食健字号产品，其气味、颜色、包装都与消费者观念中的传统凉茶有很大区别，而且口感偏甜，按中国"良药苦口"的传统观念，广东消费者自然感觉其"降火"药力不足，当产生"下火"需求时，不如到凉茶铺，或自家煎煮。所以对消费者来说，在最讲究"药效"的凉茶中，它也不是一个好的选择。

在广东区域，红色王老吉拥有凉茶始祖王老吉的品牌，却长着一副饮料化的面孔，让消费者觉得"它好像是凉茶，又好像是饮料"，陷入认知混乱之中。

另一个主要销售区域浙南，主要是温州、台州、丽水三地，消费者将"红色王老吉"与康师傅茶、旺仔牛奶等饮料相提并论，没有不适合长期饮用的禁忌。加之当地在外华人众多，经他们的引导带动，红色王老吉很快成为当地最畅销的产品，企业担心，红色王老吉可能会成为来去匆匆的时尚，如同当年在浙南红极一时的椰树椰汁，很快又被新的时髦产品替代，一夜之间在大街小巷上消失得干干净净。

面对消费者这些混乱的认知，企业急需通过广告手段提供一个强势的引导，明确红色王老吉的核心价值，并与竞争对手区别开来。

现实难题表现二：红色王老吉无法走出广东、浙南。

在两广以外，人们并没有凉茶的概念，甚至调查中消费者说

"凉茶就是凉白开吧？""我们不喝凉的茶水，泡热茶"。教育凉茶概念显然费用惊人。而且，内地的消费者"降火"的需求已经被填补，大多是通过服用牛黄解毒片之类的药物来解决。

作凉茶困难重重，做饮料同样危机四伏。如果放眼到整个饮料行业，以可口可乐、百事可乐为代表的碳酸饮料，以康师傅、统一为代表的茶饮料、果汁饮料更是处在难以撼动的市场领先地位。

而且，红色王老吉以金银花、甘草、菊花等草本植物熬制，有淡淡中药味，对口味至上的饮料而言，的确存在不小障碍，加之红色王老吉3.5元的零售价，如果王老吉不能使红色王老吉和竞争对手区分开来，它就永远走不出饮料行业列强的阴影。

这就使红色王老吉面临一个极为尴尬的境地：既不能固守两地，也无法在全国范围推广。

现实难题表现三：企业宣传概念模糊。

公司不愿意以"凉茶"推广，限制其销量，但作为"饮料"推广又没有找到合适的区隔，因此，在广告宣传上也不得不模棱两可。很多人都见过这样一条广告：一个非常可爱的小男孩为了打开冰箱拿一罐王老吉，用屁股不断蹭冰箱门。广告语是"健康家庭，永远相伴"，显然这个广告并不能够体现红色王老吉的独特价值。

在红色王老吉前几年的推广中，消费者不知道为什么要买它，企业也不知道怎么去卖它。在这样的状态下红色王老吉居然还平平安安地度过了好几年。出现这种现象，外在的原因是中国市场还不成熟，存在着许多市场空白；内在的原因是这个产品本身具有一种不可替代性，刚好能够填补这个位置。在中国，容许这样一批中小企业糊里糊涂地赚得盆满钵满。但在发展到一定规模之后，企业要想做大，就必须搞清楚一个问题：消费者为什么买我的产品？

1．重新定位

2002年年底，王老吉找到成美顾问公司，初衷是想为红色王老吉拍一条以赞助奥运会为主题的广告片，要以“体育、健康”的口号来进行宣传，以期推动销售。

成美经初步研究后发现，红色王老吉的销售问题不是通过简单的拍广告可以解决的——这种问题目前在中国企业中特别典型：一遇到销量受阻，最常采取的措施就是对广告片动手术，要么改得面目全非，要么赶快搞出一条“大创意”的新广告——其首要解决的问题是品牌定位。

红色王老吉虽然销售了7年，其品牌却从未经过系统定位，连企业也无法回答红色王老吉究竟是什么，消费者更不用说，完全不清楚为什么要买它——这是红色王老吉的品牌定位问题，这个根本问题不解决，拍什么样“有创意”的广告片都无济于事。正如广告大师大卫·奥格威所说：一个广告运动的效果更多的是取决于你产品的定位，而不是你怎样写广告。经一轮深入沟通后，王老吉公司最后接受了建议，决定暂停拍广告片，委托成美先对红色王老吉进行品牌定位。

品牌定位的制定，主要是通过了解消费者的认知，提出与竞争者不同的主张。因为每个品牌都是建立在消费者需求分析基础之上的，因而大家的结论与做法亦大同小异，所以符合消费者的需求并不能让红色王老吉形成差异。具体而言，品牌定位的制定是将消费者的心智进行全面地研究，研究消费者对产品、红色王老吉、竞争对手的认知、优劣势等等。

又因为消费者的认知几乎不可改变，所以品牌定位只能顺应消费者的认知而不能与之冲突。如果人们心目中对红色王老吉有了明确的看法，最好不要去尝试冒犯或挑战。就像消费者认为茅台不可能是一个好的“威士忌”一样。所以，红色王老吉的品牌定位不能与广东、浙南消费者的现有认知发生冲突，才可能稳定现有销量，为企业创造生存以及扩张的机会。

为了了解消费者的认知，研究将从市场上红色王老吉、竞争者所传播出的信息入手，厘清他们可能存在于消费者心智中的大概位置，以及他们的优势和弱点。成美研究人员在进行二手资料收集的同时，对王老吉内部、两地的经销商等进行了专家访谈。再研究过程中，发现“红色王老吉拥有凉茶始祖王老吉的品牌，却长着一幅饮料化的面孔”，这等于一个产品有了相互矛盾的双重身份。而王老吉并不清楚消费者的认知、购买动机等，如企业一度认为浙南消费者的购买主要是因为“高档”、“有‘吉’字喜庆”。面对这种现实情况，企业决定，由成美牵头，引进市场调查公司协助了解消费者的认知。

由于调查目的明确，很快就在“消费行为”研究中发现，广东的消费者饮用红色王老吉的场合为烧烤、登山等活动，原因不外乎“烧烤时喝一罐，心理安慰”、“上火不是太严重，没有必要喝黄振龙”（黄振龙是凉茶铺的代表，其代表产品功效强劲，有祛湿降火之效）。

而在浙南，饮用场合主要集中在“外出就餐、聚会、家庭”，在对于当地饮食文化的了解过程中，研究人员发现该地的消费者对于“上火”的担忧比广东有过之而无不及，座谈会桌上的话梅蜜饯、可口可乐无人问津，被说成了“会上火”的危险品（后面的跟进研究也证实了这一点，发现可乐在温州等地销售始终低落，最后两乐几乎放弃了该市场，一般都不进行广告投放）。而他们评价红色王老吉时经常谈到“不会上火”，“健康，小孩老人都能喝，不会引起上火”。可能这些观念并没有科学依据，但这就是浙南消费者头脑中的观念，这是研究需要关注的“唯一的事实”。

这些消费者的认知和购买消费行为均表明，消费者对红色王老吉并无“治疗”要求，而是作为一个功能饮料购买，购买红色王老吉真实动机是用于“预防上火”，如希望在品尝烧烤时减少上火情况的发生等，真正上火以后可能会采用药物，如牛黄解毒片、传统凉茶类治疗。

再进一步研究消费者对竞争对手的看法，则发现红色王老吉的直接竞争对手，如菊花茶、清凉茶等由于缺乏品牌推广，仅仅是低价渗透市场，并未占据“预防上火”的饮料的定位。而可乐、茶饮料、果汁饮料、水等明显不具备“预防上火”的功能，仅仅是间接的竞争。

同时，任何一个品牌定位的成立，都必须是该品牌最有能力占据的，即有据可依，如可口可乐说“正宗的可乐”，是因为它就是可乐的发明者，研究人员对于企业、产品自身在消费者心智中的认知进行了研究。结果表明，红色王老吉的“凉茶始祖”身份、神秘中草药配方、175年的历史等，显然是有能力占据“预防上火的饮料”。

由于“预防上火”是消费者购买红色王老吉的真实动机，显然有利于巩固加强原有市场。是否能满足企业对于新定位的期望“进军全国市场”，成为研究的下一步工作。通过二手资料、专家访谈等研究，中国几千年的中药概念“清热解毒 ”在全国广为普及，“上火”、“去火”的概念也在各地深入人心，这就使红色王老吉突破了地域品牌的局限。成美的研究人员认为："做好了这个宣传概念的转移，只要有中国人的地方，红色王老吉就能活下去。"

至此，品牌定位的研究基本完成，在合作一个月后，成美向王老吉提交了品牌定位研究报告，首先明确红色王老吉是在"饮料"行业中竞争，其竞争对手应是其他饮料；其品牌定位——"预防上火的饮料"，其独特的价值在于——喝红色王老吉能预防上火，让消费者无忧地尽情享受生活：煎炸、香辣美食、烧烤、通宵达旦看足球……

这样定位红色王老吉，是出于现实格局通盘的考虑，主要益处有四：

其一，利于红色王老吉的推广走出广东、浙南。

由于"上火"是一个全国普遍性的中医概念，而不再像"凉茶"那样局限于两广地区，这就为红色王老吉走向全国彻底扫除了障碍。

其二，避免红色王老吉与国内外饮料巨头产品的直接竞争，形成独特区隔。

其三，成功地将红色王老吉产品的劣势转化为优势。

淡淡的中药味，成功转变为"预防上火"的有力支撑。

3.5元的零售价格，因为"预防上火的功能"，不再"高不可攀"。

"王老吉"的品牌名、悠久的历史，成为预防上火"正宗"的有力的支撑。

其四，利于王老吉企业与国内王老吉药业合作。

正由于王老吉的红色王老吉定位在功能饮料，区别于王老吉药业的“药品”、“凉茶”，因此能更好促成两家合作共建“王老吉”品牌。

提交的报告中还明确提出，为了和王老吉药业的产品相区别，鉴于王老吉是国内唯一可以生产红色王老吉产品的企业，宣传中尽可能多展示包装，多出现全名“红色罐装王老吉饮料”。

由于在消费者的认知中，饮食是上火的一个重要原因，特别是辛辣、煎炸饮食，因此成美在提交的报告中还建议在维护原有的销售渠道的基础上，加大力度开拓餐饮场所，在一批酒楼打造旗舰店的形象。重点选择在湘菜馆、川菜馆、火锅店、烧烤场等。

凭借在饮料市场丰富经验和敏锐的市场直觉，王老吉董事长陈鸿道当场拍板，全部接受该报告的建议，并决定立即根据品牌定位对红色王老吉展开全面推广。

“开创新品类”永远是品牌定位的首选。一个品牌如若能够将自己定位为与强势对手所不同的选择，其广告只要传达出新品类信息就行了，而效果往往是惊人的。红色王老吉作为第一个预防上火的饮料推向市场，使人们通过它知道和接受了这种新饮料，最终红色王老吉就会成为预防上火的饮料的代表，随着品类的成长，自然拥有最大的收益。

确立了红色王老吉利的品牌定位，就明确了营销推广的方向，也确立了广告的标准，所有的传播活动就都有了评估的标准，所有的营销努力都将遵循这一标准，从而确保每一次的推广，在促进销售的同时，都对品牌价值进行积累。这时候才可以开始广告创意，拍广告片。

2. 品牌定位的推广

明确了品牌要在消费者心智中占据什么定位，接下来的重要工作，就是要推广品牌，让它真正地进入人心，让大家都知道品牌的定位，从而持久、有力地影响消费者的购买决策。

紧接着，成美为红色王老吉制定了推广主题“怕上火，喝王老吉”，在传播上尽量凸现红色王老吉作为饮料的性质。在第一阶段的广告宣传中，红色王老吉都以轻松、欢快、健康的形象出现，强调正面宣传，避免出现对症下药式的负面诉求，从而把红色王老吉和“传统凉茶”区分开来。

为更好唤起消费者的需求，电视广告选用了消费者认为日常生活中最易上火的五个场景：吃火锅、通宵看球、吃油炸食品薯条、烧烤和夏日阳光浴，画面中人们在开心享受上述活动的同时，纷纷畅饮红色王老吉。结合时尚、动感十足的广告歌反复吟唱“不用害怕什么，尽情享受生活，怕上火，喝王老吉”，促使消费者在吃火锅、烧烤时，自然联想到红色王老吉，从而导致购买。

3. 影视广告

红色王老吉的电视媒体选择从一开始就主要锁定覆盖全国的中央电视台，并结合原有销售区域（广东、浙南）的强势地方媒体，在2003年短短几个月，一举投入4千多万，销量立竿见影，得到迅速提升。同年11月，企业乘胜追击，再斥巨资购买了中央电视台2004年黄金广告时段。正是这种急风暴雨式的投放方式保证了红色王老吉在短期内迅速进入人们的头脑，给人们一个深刻的印象，并迅速红遍全国大江南北。

2003年初，企业用于红色王老吉推广的总预算仅1000万元，这是根据2002年的实际销量来划拨的。王老吉当时的销售主要集中在深圳，广州和浙南这三个区域，因此投放量相对充足。随着定位广告的第一轮投放，销量迅速上升，给企业极大的信心，于是不断追加推广费用，滚动发展。到2003年底，仅广告投放累计超过4000万，年销量达到了6亿元——这种量力而行、滚动发展的模式非常适合国内许多志在全国市场、但力量暂时不足的企业。

4. 户外广告

在地面推广上，除了在传统渠道的POP广告外，配合餐饮新渠道的开拓，为餐饮渠道设计布置了大量终端物料，如设计制作了电子显示屏、灯笼等餐饮场所乐于接受的实用物品，免费赠送。在传播内容选择上，充分考虑终端广告应直接刺激消费者的购买欲望，将产品包装作为主要视觉元素，集中宣传一个信息："怕上火，喝王老吉饮料。"餐饮场所的现场提示，最有效的配合了电视广告。正是这种针对性的推广，消费者对红色王老吉"是什么""有什么用"有了更强、更直观的认知。目前餐饮渠道业已成为红色王老吉的重要销售传播渠道之一。

5. 广告物料

在频频的消费者促销活动中，同样注意了围绕"怕上火，喝王老吉"这一主题进行。如最近一次促销活动，王老吉公司举行了"炎夏消暑王老吉，绿水青山任我行"刮刮卡活动。消费者刮中"炎夏消暑王老吉"字样，可获得当地避暑胜地门票两张，并可在当地度假村免费住宿2天。这样的促销，既达到了即时促销的目的，又有力地支持巩固了红色王老吉“预防上火的饮料”的品牌定位。

6. 王老吉温州“学子情”活动

同时，在针对中间商的促销活动中，王老吉除了继续巩固传统渠道的“王老吉销售精英俱乐部”外，还充分考虑了如何加强餐饮渠道的开拓与控制，推行“火锅店铺市”与“合作酒店”的计划，选择主要的火锅店、酒楼作为“王老吉诚意合作店”，投入资金与他们共同进行节假日的促销活动。由于给商家提供了实惠的利益，因此红色王老吉迅速进入餐饮渠道，成为主要推荐饮品，同时王老吉可以根据现场的特点布置多种实用、有效的终端物料。在提升销量的同时，餐饮渠道业已成为了广告传播的重要场所。

这种大张旗鼓、诉求直观明确“怕上火，喝王老吉”的广告运动，直击消费者需求，及时迅速地拉动了销售；同时，随着品牌推广进行下去，一步步加强消费者的认知，逐渐为品牌建立起独特而长期的定位——真正建立起品牌。

7. 推广效果

红色王老吉成功的品牌定位和传播，给这个有175年历史的、带有浓厚岭南特色的产品带来了巨大的效益：2003年红色王老吉的销售额比去年同期增长了近4倍，由2002年的1亿多元猛增至6亿，并以迅雷不及掩耳之势迅猛冲出广东。2004年，尽管企业不断扩大产量，仍供不应求，订单如雪片般纷至沓来，全年销量突破10亿元，2005年再接再厉，全年销量稳过20亿。

同时，百事可乐旗下的企业肯德基，已将王老吉作为中国的特色产品，确定为其餐厅现场销售的饮品，这是中国大陆目前唯一进入肯德基连锁的中国品牌。红色王老吉的巨大成功，总结起来，王老吉公司有几个方面是其成功的关键所在：

为红色王老吉品牌准确定位。

广告对品牌定位传播到位，这主要有2点：广告表达准确；投放量足够，确保品牌定位进人消费者心智。

企业决策人准确的判断力和果敢的决策力。

优秀的执行力，渠道控制力强。

量力而行，滚动发展，在区域内确保市场推广力度处于相对优势地位。

按照迈克尔·波特的竞争战略理论，取得卓越业绩是所有企业的首要目标，运营效益和战略定位则是实现这一目标的两个关键因素，前者意味着相似的运营活动能比竞争对手做得更好；后者则意味着运营活动和其实施方式有别于竞争对手。

然而实践证明，几乎没有企业能一直凭借运营效益方面的优势立于不败之地，运营效益代替战略的最终结果必然是零和竞争，一成不变或不断下跌的价格以及不断上升的成本压力只会摧垮整个行业。而竞争战略就是创造差异性，就是有目的地选择一整套不同的运营活动以创造一种独特的价值组合，从产品种类的定位、消费者需求的定位、销售途径的定位上寻找差异性，并勇于在竞争中做出战略取舍，企业一定要把握住自己能做什么，不能做什么。做了不该做的，往往就要导致失败。可见，一个企业，战略定位更显得尤为重要，没有定位就像瞎子半夜骑盲驴。

二、用好有限资源，建设创业“根据地”

资源与创业者的关系就如同颜料、画笔与艺术家的关系那样。获取不到创业所需的资源，创业机会对创业者而言则毫无意义。创业机会的存在本质是部分创业者能够发现特定资源的价值，而其他人不能做到这一点。就整个创业过程来说，创业机会的提出来自于创业者依靠自身的资源财富对机会的价值确认。例如，同样的产品或者盈利模式，一些人会付诸行动去创收，其他人却往往放任机会流失。对于后者来说，往往是缺乏必要的创业资源，因此，从这一角度看待，创业就是把创业机会的识别与创业资源的获取结合起来。

创业资源分类

资源就是任何一个主体，在向社会提供产品或服务的过程中，所拥有或者所能够支配的能够实现自己目标的各种要素以及要素组合。

分类的方法可以帮助我们进一步深入地认识创业资源。

（一）直接资源和间接资源

财务资源、管理资源、市场资源、人才资源是直接参与企业战略规划的资源要素，可以把他们定义为直接资源；政策资源、信息资源、科技资源这三类资源要素对于创业成长的影响更多的是提供便利和支持，而非直接参与创业战略的制定和执行，因此，对于创业战略的规划是一种间接作用，可以把它们定义为间接资源。

财务资源：是否有足够的启动资金？是否有资金支持创业最初

几个月的亏损？

经营管理资源：凭什么找到客户？凭什么应对变化？凭什么确保企业运营所需能够及时足量地得到？凭什么让创业企业内部能有效地按照最初设想运转起来？

人才资源条件：是否有合适的专业人才来完成所有的任务？

市场资源，包括营销网络与客户资源、行业经验资源、人脉关系：凭什么进入这个行业？这个行业的特点是什么？赢利模式是什么？是否有起码的商业人脉？市场和客户在哪里？销售的途径有哪些？

政策资源，可不可以有一个“助推器”或“孵化器”推进我们的创业，比如某些准入政策、鼓励政策、扶持政策或者优惠等等。

信息资源，依靠什么来进行决策？从哪里获得决策所需的信息？从哪里获得有关创业资源的信息？

科技资源，创业的企业凭什么在市场上去竞争，为社会提供什么样的产品和服务？大学生创业造就了惠普公司、英特尔公司等今天的高科技企业，造就了硅谷神话，为美国创造了巨大的社会财富，首先依靠就是核心的科技技术。

（二）Barney分类法：人力和技术资源、财务资源、生产经营性资源

从Barney的分类出发，创业时期的资源就其重要性来说，分别有以下的细分，组织资源、人力资源、物质资源。由于企业新创，组织资源无疑是三类中较为薄弱的部分；而人力资源为创业时期中最为关键的因素，创业者及其团队的洞察力、知识、能力、经验及社会关系影响到整个创业过程的开始与成功；同时，在企业新创时期，专门的知识技能往往掌握在创业者等少数人手中，因而此时的

技术资源在事实上和人力资源紧密结合，并且上述两种资源可能成为企业竞争优势的重要来源。在物资资源中，创业时期的资源最初主要为财务资源和少量的厂房、设备等。从而，细分后的创业资源经过重新归纳，主要为以下几种：

1．人力和技术资源，包括创业者及其团队的能力、经验、社会关系及其掌握的关键技术等。

2．财务资源即以货币形式存在的资源。

3．其他生产经营性资源，即在企业新创过程中所需的厂房、设施、原材料等。

（三）核心资源与非核心资源

根据资源基础论，创业资源可分为核心资源与非核心资源。识别核心资源，立足核心资源，发挥非核心资源的辐射作用，实现创业资源的最优组合，这就是创业资源运用机制的基本思路。根据创业资源的分类，具体可作如下解释：

核心资源主要包括技术、管理和人力资源。这几类资源涉及创业企业有别于其他企业的核心竞争力，是创业机会识别、机会筛选和机会运用几大阶段的主线。必须以这几类要素资源为基点，扩展创业企业发展外延。人力资源对于企业来说，主要是一种知识财富，是企业创新的源泉。高素质人才的获取和开发是现代企业可持续发展的关键。管理资源又可理解为创业者资源。创业者自身素质对创业企业的成长有至关重要的作用。创业者的个性，对机遇的识别和把握，对其他资源的整合能力，都直接影响创业成败。科技资源是一种积极的机会资源。对于新创企业来说，主动引进和寻找有商业价值的科技成果，是企业的立身之本和市场竞争之源。

非核心资源主要包括奖金、场地和环境资源。如何有效地吸收资金资源，并保持稳定的资金周转率，实现预期盈利目标，是创业成功与否的瓶颈课题。场地资源指的是高科技企业用于研发、生产、经营的场所。良好的场地资源能够为企业大幅度降低运营成本，提供便利的生产经营环境，短期内累积更多的顾客或质优价廉的供应商。而环境资源作为一种外围资源影响着创业企业发展。例如，信息资源可以提供给创业者优厚的场地资金、管理团队等关键资源，文化资源可以促进管理资源的持续发展，等等。

（四）自有资源和外部资源

以上所有的资源，或者属于自有资源，或者属于外部资源。

自有资源是来自内部机会积累，是创业者自身所拥有的可用于创业的资源，如创业者自身拥有的可用于创业的自有资金，自己拥有的技术，自己所获得的创业机会信息，自建的营销网络，控制的物质资源，或管理才能等等，甚至在有的时候，创业者所发现的创业机会就是其所拥有的唯一创业资源。

外部资源可以包括例如朋友、亲戚、商务伙伴或其他投资者、投资人资金，或者包括借到的人、空间、设备或其他原材料（有时是由客户或供应商免费或廉价提供的），或通过提供未来服务、机会等换取到的，有些还可能是社会团体或政府资助的管理帮助计划。外部资源更多的来自于外部机会发现，而外部机会发现在创业初期起着决定性作用。创业者在开始创业的时期面临的一个重要问题即资源不足和资源供给。一方面，企业的创新和成长必须消耗大量资源；另一方面，企业自身还很弱小，无法实现资源自我积累和增殖。所以，企业只有识别机会，从外部获取到充足的创业资源，才能实现快速成长，这也是创业资源有别于一般企业资源的独特之处。对创业者来说，运用外部资源，是一种非常重要的方法，在企业的创立和早期成长阶段尤其如此。其中关键是具有资源的使用权并能控制或影响资源部署。

自有资源的拥有状况将在很大程度上影响甚至决定我们获取外部资源的结果。“打铁还要墩墩硬”，立志创业者首先致力于扩大、提升自有资源。自有资源的拥有状况（特别是技术和人力资源）可以帮助我们获得和运用外部资源。

（五）起码资源和差异资源

还有两个概念可以帮助我们思考创业资源的准备问题，即起码资源和差异性资源。一般来说我们不可能拥有前述谈到的所有资源，但进入创业阶段也必须要符合两个条件：一是要有进入一个行业的起码的资源，另一方面是具备差异性资源。如果任何条件均不具备，创业成功的可能性很小。对于准备创业的人来说，首先必须用书面的方式列出：进入这个行业的起码资源有哪些？我已经具备哪些？尚未具备的如何获取？进入这个行业的差异性资源是什么？我已经具备哪些？尚未具备的如何获取？

整合资源

对创业者而言，一方面要借助自身的创造性，用有限的资源创造尽可能大的价值，另一方面更要设法获取和整合各类战略资源。

1. 善用资源整合技巧

创业总是和创新、创造及创富联系在一起。一位创业者结合自身创业经历提出了这样的观点：缺少资金、设备、雇员等资源，实际上是一个巨大的优势。因为这会迫使创业者把有限的资源集中于销售，进而为企业带来现金。为了确保公司持续发展，创业者在每个阶段都要问自己，怎样才能用有限的资源获得更多的价值创造？

学会拼凑。很多创业者都是拼凑高手，通过加入一些新元素，与已有的元素重新组合，形成在资源利用方面的创新行为，进而可能带来意想不到的惊喜。创业者通常利用身边能够找到的一切资源进行创业活动，有些资源对他人来说也许是无用的、废弃的，但创业者可以通过自己的独有经验和技巧，加以整合创造。例如：很多高新技术企业的创业者并不是专业科班出身，可能是出于兴趣或其他原因，对某个领域的技术略知一二，却凭借这个略知的“一二”敏锐地发现了机会，并迅速实现了相关资源的整合。

整合已有的资源，快速应对新情况，是创业的利器之一。拼凑者善于用发现的眼光，洞悉身边各种资源的属性，将它们创造性地整合起来。这种整合很多时候甚至不是事前仔细计划好的，而往往是具体情况具体分析、“摸着石头过河”的产物。而这也正体现了创业的不确定性特性，并考验创业者的资源整合能力。

步步为营。创业者分多个阶段投入资源并在每个阶段投入最有限的资源，这种做法被称为“步步为营”。步步为营的策略首先表现为节俭，设法降低资源的使用量，降低管理成本。但过分强调降低成本，会影响产品和服务质量，甚至会制约企业发展。比如：为了求生存和发展，有的创业者不注重环境保护，或者盗用别人的知识产权，甚至以次充好。这样的创业活动尽管短期可能赚取利润，但长期而言，发展潜力有限。所以，需要“有原则地保持节俭”。

步步为营策略表现为自力更生，减少对外部资源的依赖，目的是降低经营风险，加强对所创事业的控制。很多时候，步步为营不仅是一种做事最经济的方法，也是创业者在资源受限的情况下寻找实现企业理想目的和目标的途径，更是在有限资源的约束下获取满意收益的方法。习惯于步步为营的创业者会形成一种审慎控制和管理的价值理念，这对创业型企业的成长与向稳健成熟发展期的过渡，尤其重要。

2. 发挥资源杠杆效应

尽管存在资源约束，但创业者并不会被当前控制或支配的资源所限制，成功的创业者善于利用关键资源的杠杆效应，利用他人或者别的企业的资源来完成自己创业的目的：用一种资源补足另一种资源，产生更高的复合价值；或者利用一种资源撬动和获得其他资源。其实，大公司也不只是一味地积累资源，他们更擅长于资源互换，进行资源结构更新和调整，积累战略性资源，这是创业者需要学习的经验。

对创业者来说，容易产生杠杆效应的资源，主要包括人力资本和社会资本等非物质资源。创业者的人力资本由一般人力资本与特殊人力资本构成，一般人力资本包括受教育背景、以往的工作经验及个性品质特征等。特殊人力资本包括产业人力资本（与特定产业相关的知识、技能和经验）与创业人力资本（如先前的创业经验或创业背景）。调查显示，特殊人力资本会直接作用于资源获取，有产业相关经验和先前创业经验的创业者能够更快地整合资源，更快地实施市场交易行为。而一般人力资本使创业者具有知识、技能、资格认证、名誉等资源，也提供了同窗、校友、老师以及其他连带的社会资本。

相比之下，社会资本有别于物质资本、人力资本，是社会成员从各种不同的社会结构中获得的利益，是一种根植于社会关系网络的优势。在个体分析层面，社会资本是嵌入、来自于并浮现在个体关系网络之中的真实或潜在资源的总和，它有助于个体开展目的性行动，并为个体带来行为优势。外部联系人之间社会交往频繁的创业者所获取的相关商业信息更加丰裕，从而有助于提升创业者对特定商业活动的深入认识和理解，使创业者更容易识别出常规商业活动中难以被其他人发现的顾客需求，进而更容易获得财务和物质资源——这正是其杠杆作用所在。

3. 设置合理利益机制

资源通常与利益相关，创业者之所以能够从家庭成员那里获得支持，就因为家庭成员之间不仅是利益相关者，更是利益整体。既然资源与利益相关，创业者在整合资源时，就一定要设计好有助于资源整合的利益机制，借助利益机制把包括潜在的和非直接的资源提供者整合起来，借力发展。因此，整合资源需要关注有利益关系的组织或个人，要尽可能多地找到利益相关者。同时，分析清楚这些组织或个体和自己以及自己想做的事情有利益关系，利益关系越强、越直接，整合到资源的可能性就越大，这是资源整合的基本前提。

利益关系者之间的利益关系有时是直接的，有时是间接的，有时是显性的，有时是隐性的，有时甚至还需要在没有的情况下创造出来。另外，有利益关系也并不意味着能够实现资源整合，还需要找到或发展共同的利益，或者说利益共同点。为此，识别到利益相关者后，逐一认真分析每一个利益相关者所关注的利益非常重要，多数情况下，将相对弱的利益关系变强，更有利于资源整合。

然而，有了共同的利益或利益共同点，并不意味着就可以顺利实现资源整合。资源整合是多方面的合作，切实的合作需要有各方面利益真正能够实现的预期加以保证，这就要求寻找和设计出多方共赢的机制。对于在长期合作中获益、彼此建立起信任关系的合作，双赢和共赢的机制已经形成，进一步的合作并不很难。但对于首次合作，建立共赢机制尤其需要智慧，要让对方看到潜在的收益，为了获取收益而愿意投入资源。因此，创业者在设计共赢机制时，既要帮助对方扩大收益，也要帮助对方降低风险，降低风险本身也是扩大收益。在此基础上，还需要考虑如何建立稳定的信任关系，并加以维护、管理。

创业者与创业之初所控制的资源多少关系不大。很多人在初次创业的时候，都是资源十分欠缺的。大量例证也表明创业之初企业家可支配的资源几乎是微不足道的。对于创办一个小企业来说，并不需要多少资本。在企业家把企业做到一定规模之后，与之相比企业的初创资本可以忽略不计。这一规律不仅在知识经济时代，即使是资源经济时代也可举出许多例证。例如，1946年井深大与和盛田昭夫创立东京通信工业公司（索尼公司前身）时，初创资本仅为500美元；惠普公司的创始人休立特和帕卡德创业之初身无分文，是用特曼教授所借的538美元租用汽车房创立惠普公司的；苹果电脑公司是沃茨尼亚克和乔布斯于1976年在自家的汽车房创立的；沃马特的创始人山姆·沃尔顿1962年由一个小店起家，现已发展为全球4000多家连锁店；中国刘氏家族创办的希望集团仅以1000元起家，现已发展成为中国最大的民营企业之一；香港上市公司金利来的创始人创业之初仅有6000港元的资本。

三、因粮于敌，从对手处获得资源

“因粮于敌”是《孙子兵法》一个重要的战略思想，《孙子兵法·作战篇》曰:“善用兵者，役不再籍，粮不三载；取用于国，因粮于敌，故军食可足也。”“因粮于敌”的精髓是取之于敌，胜之于敌，以战养战，动态共存。

蒙牛制胜的法宝

蒙牛，中国这颗乳品行业巨星，1999年创业，用了短短4年的时间，创下了销售额21亿的奇迹，被被评为2002年中国成长企业100强冠军，那么蒙牛超速发展的法宝是什么呢？总的来说有以下几点：

（一）从对手处获得资源

蒙牛集团的总裁牛根生曾是伊利集团当时的生产经营副总裁，还招集了几位同样从伊利出来的老部下和别的人士，蒙牛8大创业元老均来自伊利，90%的中层干部来自伊利，如果没有伊利的多年培养，就没有今天的蒙牛，牛根生说：“我们来自行业里优秀的企业，有20年的经验积累，在原企业里我承担产品开发、生产销售和广告工作，做起来相对有经验，发挥的也比较好。”如现任监事长的白君被免职时任伊利包头分公司经理，现任副总裁、冰淇淋公司经理孙玉斌时任伊利冷冻食品公司经理，现任总工程师的丘连军是伊利苦咖啡的发明者，现任营销企划中心主任的孙先红一直主管伊利广告策划。有这么一批精兵强将的加盟，做起事来很老练。而别的公司寻找、培养一支互相契合、行业经验丰富全面的专业团队，也许要五六年甚至更长的时间，而蒙牛在起步时就具备了丰富的人力资源。

（二）借对手优势发展自己

牛根生是个借势高手，蒙牛一直把伊利挂在嘴上，蒙牛的产品宣传开始就和伊利联系在一起。他们的第一个广告牌子写的是“做内蒙古第二品牌”。在冰淇淋的包装上，他们也打出了“为民族工业争气，向伊利学习”的字样，将蒙牛和伊利绑在了一起，用伊利的知名度，无形中提升了蒙牛的品牌。

牛根生不仅取势伊利，还以更高的眼光，从开始进入市场，就将蒙牛定位于乳品市场的建设者，努力做大行业蛋糕。他提倡全民喝奶，但不一定喝蒙牛的奶，只要喝奶就行。内蒙古就是一个大品牌，他还在广告牌上频频使用“为内蒙古喝彩”，“千里草原腾起伊利、兴发、蒙牛乳业”等用语，几个品牌经常一起出现。为了利用“内蒙大草原奶源最优”的概念，蒙牛还提出了建设“中国乳都”的概念。呼和浩特的奶源在全国最优，人均牛奶拥有量也居全国第一，2001年6月，蒙牛以“我们共同的品牌——中国乳都呼和浩特”为主题，在呼和浩特的主要街道高密度投放灯箱广告。从此，“中国乳都”的概念被政府官员和媒体频频引用，得到政府和民众的支持。

（三）逆向思维

先做市场，再建工厂，公司注册5个月后，蒙牛有了1000多万元。这笔钱怎么用？按照一般企业的思路，首先建厂房，进设备，生产产品，然后打广告，做促销，产品有了知名度，才能有市场。但牛根生一算这点儿钱连建厂房、买设备的都不够，哪还有钱去开拓市场？于是他提出逆向经营的思路："先建市场，再建工厂。"牛根生的计划是把有限的资金集中用于市场的营销推广中，然后把全国的工厂变成自己的加工车间。

（四） 整合资源

有了品牌，蒙牛开始进行产品的生产，这时蒙牛依然没有建厂房、买设备。牛总遵循2∶8法则，他自己提供20%的品牌资源，其余的80%整合社会资源。当牛根生了解到拥有中国最大奶源生产基地的黑龙江省有一家美国独资企业，因经营管理不善，效益很差时，他就带7个精兵强将去把这个企业托管了。"蒙牛"牌第一年2000万元牛奶的销售额就全是由这个企业完成的。牛根生不仅没有给这家公司投资，他们8个人还每年共挣这个企业47万元的年薪。蒙牛这种运作成功了，在短短的两三个月的时间内，牛根生盘活了企业外部7.8亿元的资产，完成了一般企业几年才能完成的扩张。目前，参与公司原料、产品运输的600多辆运货车、奶罐车、冷藏车，为公司收购原奶的500多个奶站及配套设施，近10万平方米的员工宿舍，合计总价值达5亿多元，都是通过当地政府及公司的动员和组织，均由社会投资完成。打着蒙牛标志的运奶车有500多辆，但这些车没有一辆是蒙牛自己购买的，全部由民间资金购买。有人开玩笑说，蒙牛只问奶的事，不问车的事。个体车主买来运奶车，刷上蒙牛的统一标识，与蒙牛签订运奶合同。

在企业发展的初具规模时，蒙牛没有安于现状，要做全球乳业的领头羊，这时牛总开始借力全球。2002年是第三次增资扩股，吸收的三位股东分别是摩根士坦利、鼎晖投资、英联投资公司，扩股不够，这三家还以10.1元买下了部分老股东的股权。共投入资金2600万美元，折合人民币2.15亿多元，占股份33%。这三家世界金融巨头的加入，给蒙牛的再一次腾飞注入了活力。

借力发力

孙子在《作战篇》提出"因粮于敌"的策略，即部队在外线作战，其粮食的供应可以从敌方那里取得，指出："因粮于敌，故军食可足也。"如果军队攻击远处敌国的目标，而部队所需的粮食要从国内长途运输而来，这样必然会劳民伤财，大大增加国家的负担。故孙子强调"国之贫于师者远输，远输则百姓贫"，进而主张"智将务食于敌"。我军吃敌军的粮食，不但可以免去长途运输粮食的劳费，还可削弱敌方粮食供应，动摇敌人的军心，为最后战胜敌人创造有利条件。

企业经营者可以采取"借力发力"的方法，利用竞争对手的资源壮大自己企业的实力，这就是孙子所说的"因粮于敌"策略的运用。

上世纪八十年代，美国尿布行业东山再起的一家叫做Drgpers的公司，以低价的品牌产品向市场领袖宝洁公司提出了挑战。当Drgpers公司进入德克萨斯州市场时，宝洁公司的反应异乎寻常的强烈。宝洁公司用两美元的赠券——比通常使用的75美分两倍还多——铺天盖地地大造宣传攻势。Drgpers公司的首席执行官戴夫·皮特斯意识到，如果他静观其变只能是坐以待毙，但Drgpers公司没有资金，承担不起整个德州印刷和发送赠券的能力。于是皮特斯采用了孙子"因粮于敌"的反击策略，在德州大作广告，告诉消费者宝洁公司的赠券同样可兑换Drgpers公司的产品。结果公司的销售猛增，在几周的时间里，

Drgpers公司的产品在一些商店的上架率就增加了15%。两个月内，整个公司满负荷运转，第一次出现现金结余。宝洁公司自己反倒是搬起石头砸了自己的脚。皮特斯通过“因敌于粮”的策略转化了竞争者的势能，利用宝洁公司为自己作了促销。

企业经营者如果要到外地或外国去办企业，与外地或国外的同行企业进行竞争，《孙子兵法》“因粮于敌”的策略也是极其有用的。依据这种策略，企业经营者应该开发当地的资源，利用当地劳动力进行生产，然后将产品在当地销售，获得利润。就地取材、就地生产、就地销售，可以使企业减少长途运输的支出，大大降低生产成本，从而在竞争中取得明显的优势。

在国际企业竞争中，美国耐克制鞋公司将产品销往亚洲时，尽量利用当地的原材料和工资水平较低而又刻苦勤奋的亚洲劳动力进行生产。过去较长一段时间里，大部分耐克鞋都是在韩国和台湾生产的。后来，这两个地区的劳动力成本上升，该公司承包商又把一部分生产转移到工资更低廉的中国大陆、印尼和泰国。目前，约有7.5万名亚洲合同工专门制造耐克鞋，而在中国大陆生产的耐克鞋已占该公司鞋总产量的1/5。耐克公司制作的鞋一向以质量高、品种多、款式新著称。由于采用“因粮于敌”的策略，又使它的生产成本大大降低，在市场竞争中更增加了优势。用这种策略作指导，耐克公司每年可在全球各地销掉9000万双鞋。1992年，耐克公司总收入高达34亿美元，比1991年又增长15%。

国内企业进行竞争，“因粮于敌”的策略也是行之有效的。上海永久股份有限公司是一家老企业，生产名牌“永久”自行车已有58年的历史。他们经过精心周密的调查发现，西南地区拥有广阔的自行车销售市场，仅广西一地每年对自行车的需求就达80万辆，并且该地区无论是原料还是劳动力，其价格都低于沿海发达地区。于是，他们在1997年初，出资400万元收购原柳州八达车业有限公司51%的股权，组建永久八达车业有限公司，在当地生产“永久”牌自行车。由于“因粮于敌”策略的成功，“永久”牌自行车以其可靠的质量、低廉的价格畅销于我国西南地区，永久股份有限公司这家老企业又焕发出青春活力。

四、妥协也是一种智慧，合作需要双赢

妥协，不在于你真正“让”了多少，也不在于你要为此付出多少，而在于你最终是否达成目标，自己知道“赢”在哪里，同时，要明白你的妥协能带给对方多少“赢”的感觉。

善于妥协的艾森豪威尔

妥协作为管理的一个重要技巧，为现代管理学家所称道。妥协不是放弃原则，而是在大局观的指导下，放弃局部利益，而做出对全局最有利的决定。当然，妥协的过程中也一定放弃了一些东西。如何在错综复杂、互相矛盾的信息交会中，做出合理的准确的决策，那就是大师和凡人的差别之处了。

艾森豪威尔在作为盟军统帅期间，曾经多次妥协，向英国人妥协，向法国人妥协，向苏联人妥协，最终为盟军赢得了伟大的胜利，并为自己带来了无上的荣誉。

向英国人妥协的例子，是在西西里岛的登陆计划上，最初的计划

是英军和美军从两个方向上登陆，分进夹击，但蒙哥马利提出他的方案，要求英军和美军在相邻的地点登陆，美军作为英军的侧翼实施掩护任务，英军肩负突击的任务，这一改动引起了美军的抗议，但为了顾全大局，考虑到英军具有更丰富的经验，而美军则略显不足，从大局出发，艾森豪威尔批准了蒙哥马利的计划，当时的很多美国将军非常不服气，特别是巴顿将军，批评艾森豪威尔变成了英国人。

向法国人妥协的例子，那是在阿登反击战中，当时艾森豪威尔准备让右翼守卫法国城市的美军撤离该城，做好支援阿登被围美军的准备，此计划遭到了戴高乐的强烈反对，戴告乐冲到了艾森豪威尔的办公室，声明该城市是法国历史的遗产，绝对不能再度落入德军之手，担心德国人会毁灭该城市，并威胁说，如果艾森豪威尔坚持撤军，则全部法国军队不再听从盟军指挥。当时的艾森豪威尔的愤怒心情可以想象，但为了顾全大局，在盟军的利益和美军的利益之间再次作出妥协，答应戴高乐将军不撤离美军，除非受到德军的猛烈攻击。这样的安排让戴高乐将军非常满意，而整件事的过程中，丘吉尔首相就在旁边，面对美国人和法国人的争执，未发一言，只是在事情得到解决后，称艾森豪威尔做了一件正确的事。

向苏联人的妥协，要属柏林之争了，当时的盟军中蒙哥马利和巴顿都摩拳擦掌，准备杀向柏林，争夺这二战第一功。但艾森豪威尔在和斯大林通话后，了解到红军距离柏林更近，而且考虑到雅尔达协议的规定，战后的柏林要归属苏联管理，在权衡利弊得失后，做出放弃柏林的决定。此决定一出，立即遭到了丘吉尔、蒙哥马利、巴顿等人的强烈反对，认为艾森豪威尔出卖了盟军，最终经过马绍尔将军的调停，才使得大家认可了艾森豪威尔的决定。

从这些妥协中，能够看出艾森豪威尔高超的领导艺术，其实从这些事的处理上，就可以预见到他将来会出任更大的职务，也就是美国总统。现代的管理追求的是双赢，运用妥协的艺术就更加重要了，希望现代企业，尤其是中小型企业的管理者能从艾森豪威尔的处理方法中学到一些有价值的东西。

乔布斯的妥协

现在，苹果产品在个人电脑市场的份额还在不断增长，而与此同时，在巨大的、成长迅速的智能手机和平板电脑市场上，他们更是毋庸置疑的领先者。如此巨大的反差使人们很难想起1997年，想起乔布斯当初不得不绞尽脑汁去拯救的那家公司——当时的苹果只有一个非常小众的市场，已经滑到了破产的边缘。在乔布斯以自己的产品改变音乐、手机和个人电脑市场的面貌之前，他的第一个任务是拯救自己的公司。为了达到这一目的，他做了一件任何人都不敢相信的，而且在他宣布之前也没有人能够想象得到的事情：他和苹果的宿敌达成了交易。

1997年8月6日，乔布斯现身波士顿的Macworld研讨会，向公司的忠实拥护者们宣布，他们已经和微软，和一家他们长期以来的对手达成了战略伙伴关系。

舞台上的乔布斯明显有些紧张，在喝了一口水后才顺利地说出苹果“需要来自其他伙伴的帮助……这个行业已经走到今天，破坏性的关系对任何人都没有好处”。

当时的苹果显然是需要一条救生索。在乔布斯讲话的当口，该公司已经连续四个季度遭受亏损了，累积亏损规模超过10亿美元。尽管整个科技行业都兴旺发达，但苹果的销售却止步不前。与此同时，微软的Windows95则吸尘器一样猛烈而迅速地吞掉了几乎整个个人电脑市场的份额，公司手头的现金极为充裕。

乔布斯对听众们说，苹果与微软的关系“从来没有这么好过，但是还有可观的潜力，将为两家公司都带来巨大的好处”。乔布斯宣布与微软达成新的合作伙伴关系，这样的论调当时确实无法让开发员们感到信服。当时，人群中爆发出了强烈的嘘声。

首先，乔布斯宣布，两家公司已经签订了为期五年的、广泛的专利授权协议，结束了两者间的司法对立。苹果和微软还同意共同协作，以确保他们各自版本的Java程序语言能够兼容。

此前，苹果已经将微软告上了法庭，指控这家软件巨头侵犯自己的专利，模仿苹果的桌面外观和功能，不然Windows95是不会取得如此巨大的成功的。

双方达成协议，就抹去了所有的司法相关开支。乔布斯的时机选择也是非常完美的：他清楚地知道，盖茨和微软已经因为涉嫌垄断而遭到美国司法部的起诉，这家公司现在急需一场公关上的胜利。政府的反垄断律师未必不会说微软的最畅销软件是剽窃了苹果的设计，既然这样，还不如与苹果和解，釜底抽薪。

乔布斯接下来宣布，微软已经同意，在他们旗舰产品的Office的更新中，做到苹果版产品与Windows版的同步，为期也是五年。这样，麦金塔系统的支持者又多了一个坚持使用苹果平台的理由，当然，与此同时，微软的软件应用程序也多了一个市场。

乔布斯随即抛出又一个重磅炸弹，接受了微软强迫苹果做出的重大让步，即让IE成为麦金塔平台的默认浏览器。这一消息宣布后，台下爆发出更强烈的嘘声，几位听众索性大喊起来：“不！”我们必须明白，这是乔布斯的定调讲话，而现在，这样的讲话已经被行业当中的一些人看作是近似布道。

“我们认为IE是一个不错的浏览器，作为一个默认浏览器，它会有不错的表现。”乔布斯这样补充着，可台下一片死寂。不过，接下来苹果的首席执行官又对听众进行了安抚，解释说用户完全有自由选择其他的浏览器。事实上，乔布斯当时也知道苹果将会有一个自己的、有足够竞争力的浏览器，但前提是，他们必须活到足够长，活到能够开发出一个来。

苹果一直在持续亏损，乔布斯也不能百分百确定留给自己的时间还有多少。毕竟，他之所以能够重新回到苹果的领导位置上，和与微软的交易也有着很大的关系。

然后，乔布斯宣布了微软将为结束敌对状态付给苹果的资金数量——1亿5000万美元。微软将以按照市价购买苹果股票的方式对后者进行投资。微软方面允诺，三年内都不会卖出这些股票，这样就为苹果的股价提供了基本的支撑。这些股份是没有表决权的，因此乔布斯可以稳稳地将决定权保持在自己的手中。盖茨和微软则得到了一些好名声，以及一家当季结束后市值为25亿美元的公司的相当可观的股份。

2011年8月10日，即当初乔布斯宣布与微软达成协议后的14年又4天，苹果的市值达到了3650亿美元，成为了世界上规模最庞大的上市公司。现在，苹果又膨胀到了3750亿美元，谁都可以看出当初的那些股东，财富增值了多少倍。

与此同时，微软的市值则保持在2100亿美元左右，不足2000年年初峰值的一半，而且实际上距离与苹果达成交易时的水平也不远。

现在可以得出结论，其实是乔布斯在当初的交易当中占了便宜。因此，我们现在回顾一下当初他所说的话，应该是会有些启发的——在他讲话之前，还播出了一段盖茨的录像，微软的创始人解释了他为什么认为麦金塔是值得支持的。

盖茨指出，微软在苹果的平台上有800万用户，他说到了即将问世的Mac Office 98，称后者充分利用了麦金塔的一些独特优势。他补充说，“在许多方面，它都比我们在Windows平台上所达成的更加出色”。

科技消费者应该感谢盖茨，感谢他认识到苹果的优势和价值，感谢他及时出手帮助了这个公司。当然，从微软股东的立场出发，从后见之明的角度看来，盖茨当初应该索性把苹果收购了才对，哪怕收购了之后直接把它解散掉也好。

乔布斯当时面对着台下的听众，说出了他经常阅读的话：“我们必须抛弃那种认为苹果和微软，一家的胜利就必定是另外一家的失败的成见。”

妥协之道

“妥协”一词似乎人人都懂，用不着深究，其实不然。妥协的内涵和底蕴比它的字面含义丰富得多，而懂得它与实践更是完全不同的两回事。比较年轻的领导，血气方刚，干劲冲天，不大懂得必要的妥协，常会遇到较大的阻力。纵观中国历史上的变法，虽然对中国社会进步产生了不灭的影响，但大多没有达到变革者的理想。面对它们所处的时代环境，他们的变革太激进、太僵化，冲破阻力的方法太苛刻。如果他们用较长时间来实践，而不是太急迫、太全面，收效也许会好一些。其实就是缺少灰度。方向是坚定不移的，但并不是一条直线，也许是不断左右摇摆的曲线，在某些时段来说，还会划一个圈，但是我们离得远一些或粗一些来看，它的方向仍是紧紧地指着前方。

坚持正确的方向，与妥协并不矛盾，相反妥协是对坚定不移方向的坚持。

当然，方向是不可以妥协的，原则也是不可妥协的。但是，实现目标过程中的一切都可以妥协，只要它有利于目标的实现，为什么不能妥协一下？当目标方向清楚了，如果此路不通，我们妥协一下，绕个弯，总比原地踏步要好，干吗要一头撞到南墙上？在一些人的眼中，妥协似乎是软弱和不坚定的表现，似乎只有毫不妥协，方能显示出英雄本色。但是，这种非此即彼的思维方式，实际上是认定人与人之间的关系是征服与被征服的关系，没有任何妥协的余地。

“妥协”其实是非常务实、通权达变的丛林智慧，凡是人性丛林里的智者，都懂得恰当时机接受别人妥协，或向别人提出妥协，毕竟人要生存，靠的是理性，而不是意气。

“妥协”是双方或多方在某种条件下达成的共识，在解决问题上，它不是最好的办法，但在没有更好的方法出现之前，它却是最好的方法，因为它有不少的好处。

妥协并不意味着放弃原则，一味地让步。明智的妥协是一种适当的交换。为了达到主要的目标，可以在次要的目标上做适当的让步。这种妥协并不是完全放弃原则，而是以退为进，通过适当的交换来确保目标的实现。相反，不明智的妥协，就是缺乏适当的权衡，或是坚持了次要目标而放弃了主要目标，或是妥协的代价过高遭受不必要的损失。明智的妥协是一种让步的艺术，妥协也是一种美德，而掌握这种高超的艺术，是管理者的必备素质。

只有妥协，才能实现“双赢”和“多赢”，否则必然两败俱伤。因为妥协能够消除冲突，拒绝妥协，必然是对抗的前奏；我们的各级干部要真正领悟了妥协的艺术，学会了宽容，保持开放的心态，就会真正达到灰度的境界，就能够在正确的道路上走得更远，走得更扎实。

五、找准突破口，把握企业前进大方向

李嘉诚曾说过他的成功之道：肯用心思去思考，抓到重大趋势，赚得巨利，便成大赢家。

李嘉诚之所以能够成为世界级富豪，其财富秘诀自然有多条，但“肯用心思思考未来”却是其中十分重要的一条，可谓字字是金，是很值得企业家们学习和借鉴的“财富”真经。

多多“思考未来”，才能看清方向，找准突破口，把握商机。企业家能否引领企业胜利远航，关键在于其是否能够把握市场发展趋势，看清前进方向，超前对市场变化的走势、进程和结果做出正确的判断，从而趋利避害，抢抓商机，掌握竞争的主动权。而要做到这一点，企业家就要经常思考未来，练就战略眼光，善于高瞻远瞩，审时度势，从而“运筹帷幄之中，决胜市场之上”。李嘉诚正是由于“经常思考未来”，才在经营中如有神助，屡创奇迹。比如1967年香港社会不稳定，此时投资者普遍失去信心。香港房价暴跌，但李嘉诚却凭借过人眼光和开拓魄力，逆向思维，人弃我取，趁机低价大肆收购其他地产商刚开始打桩而又放弃的地盘。这样，在70年代香港楼宇需求大大增加时，他“赚到很多钱”。其实，在李嘉诚几十年的经营生涯中，这样的事例很多。从这里我们不难发现其超人一筹的长远眼光和把握商机的才能，而这不正是由于经常

思考未来的结果吗？

多多“思考未来”，才能着眼长远，树立品牌。事实证明，如果一个企业经营者目光短浅，急功近利，那么，他往往会不自觉地“捞一把，是一把”，缺少应有的信用和品牌意识，企业也就不可能获得长远发展。现在不少企业为什么活不好、长不大、命不长，“各领风骚没几天”，为什么中国企业普遍难以“大赢”，一个很重要的原因就是企业经营者缺少“经常思考未来”的长远经营意识，常常为了眼前的蝇头小利，损害企业的信誉。而经常思考未来的企业家，其着眼点不是一时一地的得失，而在于企业的长远发展，因而往往把诚信作为经商之本，努力打造百年品牌。比如李嘉诚在做生意时，一直坚守诚信的原则。他说过“有些生意，给多少钱我都不赚……有些生意，已经知道是对人有害，就算社会容许做，我也不做”，“如果单为赚钱而损害名誉，我不做”。有的人把李嘉诚先生的成功仅仅看作是超人智慧的结果，殊不知同时也是恪守诚信的成功。

要多多“思考未来”，把握企业前进大方向，企业家就要坚持努力学习，终身学习，用时代的眼光、全球的眼光和战略家的眼光来分析和思考问题，并把握时机，“该出手时就出手”。唯有如此，才能把准企业前进的大方向，成为市场竞争的大赢家。

深发的大集中之路

中国银行业第一家公开发行股票的银行深圳发展银行将第一个实现真正的大集中。作为一家小银行，深发行在大集中之路上走在了中国银行业的前列，通过全面的银行“大集中”工程，深发行在优化资源配置、强化风险防范、支持业务创新等多方面取得了质的突破。深发银行准确的找到了企业发展的突破口，把握准了企业发展的大方向。

“和大银行的人交流有些困难，这个行业信息化的阻力来自哪里，甚至连他们自己都说不清楚。但是和小银行似乎容易沟通得多。”一位来自IT企业的参展商认为，大银行太封闭，他们做点儿事情太不容易。但是在夹缝中求生存的小银行就不一样，他们很灵活。神州数码公司总裁郭为感慨地说：“由于受体制等多种因素的影响，大银行与小银行出牌方法不同，大银行更像是生活在一个封闭的系统之中，而小的商业银行则更多的是按商业规则出牌。”

与传统大银行相比，中小银行只有依靠特色经营、依靠采用高新技术，才能在中国银行业获得安身立命之地。在中国银行业殊途同归的大集中之路上，同属于中小银行范畴的深圳发展银行，正面临着同样的命运和挑战。

成立于1987年的深发行今年刚刚度过15周岁，比起很多大型国有商业银行，深发行不仅规模小，而且在信息化方面的底子也非常薄。

深发行当年是从农村信用社发展起来的，在金融电子化方面是从几台微机起家的。走过微机阶段之后，到了1992年，深发行开始采用当时银行业普遍采用的SAFEⅡ系统，这一系统曾经在其后的几年中有效地推动了深发行业务的进步。但是随着深发行业务的快速增长，SAFEⅡ系统在体系结构方面的局限性，已日益成为银行业务进一步发展的瓶颈。

2000年 8 月，深发行正式制定了以“大集中”、“大前置”为模式的两年发展规划，两年发展规划的字里行间都渗透着IT的影子。于是，深发行历史上真正意义的银行“大集中”、“大前置”工程开始了。

“今天，银行业大集中的方向只有一个，但通往正确方向的道路却有很多条。作为一家新兴的股份制商业银行，深发行如果再走传统大型国有商业银行什么都事必躬亲的老路，无论如何也难以产生跨越式的发展结果。”亲历此事的有关人员回忆，当时，经过行内各方面反复思考和论证，深发行为自己量身定制了一条“以我为主、积极参与、外包合作”的发展新路。

深发行行长把这一指导思想解释为：深发行的信息化就是要借助外力、借航出海，结合自身特色来做好金融电子化的工作。这一想法在当时的银行界被评价为“超前，有创意”。

正是在总行决策层这种具有创新性和超前性的指导思想之下，深发行决定不再走传统国内银行的那条分布式计算机体系、各分行各自重复开发的老路，而是要选择一个尽可能成熟的软件平台产品，并根据深发行自身的特点来进行应用开发。

史玉柱的脑白金

从2002年开始，一句俗不可耐的广告语——“今年过年不收礼，收礼只收脑白金”开始频繁响起在我们耳边，史玉柱新创的品牌“脑白金”随着这一广告变得家喻户晓，成名的背后是史玉柱创办的上海黄金搭档生物科技有限公司开始了疯狂的增长：不到两年时间，这家公司旗下拥有的“脑白金”、“黄金搭档”已成为中国最著名的品牌之一，脑白金连续四年夺得中国保健品单品销售冠军，而2002年开始投放市场的黄金搭档，2003年的销售额就比2002年增长了3.98倍，一时间，中国保健品单品销售的冠亚军便成了史玉柱的囊中之物。

史玉柱的崛起也带出了一长串的有趣问题：是什么魔方促使史玉柱崛起的？为什么是脑白金而不是其他保健品？更大的疑问在于，脑白金是否再次会演绎昙花一现的历史呢……一切刚刚开始，但史玉柱的成功却是有道理的。

1. 新概念开创蓝海

史玉柱为脑白金开创蓝海的行动是从产品和营销两个角度来展开的，这两个角度互相呼应，共同造就了一个成功的蓝海战略，为脑白金带来了成功。

脑白金的主要组成成分是一种英文名字为melatonin，中文翻译成人脑松果腺体素，也叫“褪黑素”的安眠食品，这种食品早在1995年就开始在美国流行。由于其具有改善睡眠，特别是不会使人在第二天昏昏沉沉的功效，因而受到人们的广泛关注。事实上，在史玉柱投身这种产品之前，国内已经有多家保健品公司开始开展这项业务。但那些保健品公司只是单纯的依赖国外产品，为美国公司做产品销售代理，并没有自己的东西。因而，由产品本质的同质化所带来的激烈竞争使得那些企业迅速夭折。而史玉柱则发现，在中国的保健品市场上，一部分产品主要解决睡眠问题，还有一部分产品，比如三株，主要解决消化问题。但却没有一种知名产品，能同时解决人的失眠和消化问题。他敏锐地意识到，如果能够推出一种产品，既让人睡得好，又让人排泄顺畅，那么会带给消费者更多的满意和健康。这种同时对改善失眠的保健品和调整消化功能的保健品都具有需求较大的市场，便是史玉柱的目标市场。于是，史玉柱在引进美国melatonin产品的同时，在产品层面上进行了组合创新。他们搞了一种由化积消食通便的山楂与利尿除湿的茯苓等天然植物药物成分组成的中药口服液。由“口服液＋melatonin”构成了一种新产品，并具有一个好听、好记、通俗又高贵的名字，这就是“脑白金”。同时，史玉柱还为脑白金注册了商标，并宣称那些只有melatonin，而没有口服液的产品都不是“脑白金”。就这样，史玉柱不仅通过对产品的组合创新开创了一片新市场，而且通过商标注册和对新产品的独特解释，为脑白金设置了竞争壁垒。脑白金在这次战略变迁行动中，不但为自己开创了蓝海，让自己享受到了蓝海，而且在蓝海的周边设置了栅栏，有效阻止了竞争者的模仿。

2. 礼品包装下的保健品

中国市场上从来就不缺少保健品，大街小巷的平面广告、药店里的各种促销活动、电视里的广告大战，无时无刻不在提醒你，保健品就在你身边。从事保健品的企业也是不计其数，但这些保健品大多愿意给自己穿上一件正式的、专业的外衣，那就是“药品”。对于脑白金来说，它的竞争者们更愿意给自己定位为药品。

但是，脑白金的产品定位则明显不同。脑白金一直突出自己是一种礼品，是一种能带给人健康的礼品，并极力宣传一种送礼更要送健康的消费理念。这种在保健品身上增加礼品概念的战略做法，是其他竞争者所不具备的，也是凭借这种概念上的创新，让脑白金实现了向蓝海的跃迁。

有人说史玉柱是商业天才，在脑白金开创蓝海的行动中，这一点表现得更加突出。他认为，将脑白金定位为礼品可以带来以下几方面的好处：第一，销售渠道更广。保健礼品不仅可以继续利用传统的药店分销渠道，而且可以利用商场、超市等其他保健品无法涉足的分销渠道，这样与消费者接触的机会就更多，被购买的可能性也就越大；第二，将脑白金定位为礼品之后，就摆脱了药品的传统认识，在广告促销上，就不必像其他保健品那样受到工商、药监等部门的审查和控制。这样一来，脑白金的营销形式就更加灵活，并且成本也大大降低；第三，将脑白金定位为礼品之后，与传统的保健品定位相比较，利润空间更大、更自由。原来有一些经营美国melatonin产品的公司，由于将产品定位为保健品、甚至是药品，从而使得其在产品定价上也不得不参照同类保健品和药品进行。例如，经营美国melatonin产品的“美乐托宁”、“眠纳尔通”等企业将产品定位等同于安眠药，这样的话，产品的价格也就不得不按照安眠药的市场行情来做，从而使产品的利润空间大大受限。与这些竞争者形成鲜明对比的是，定位为礼品的脑白金则可以按照礼品的定价原则来运作。由于礼品一般都是成本低、定价高的，因此，脑白金就可以在与竞争者成本差不多的情况下，将产品价格定为竞争者的几倍、甚至十几倍，从而获得更大的利润空间。最后，中国是一个节日和庆典比较多的国家，自古以来，中国民间就有互相送礼表示祝贺的风俗习惯，这样一个背景也给脑白金的礼品定位增加了不少的可能性。

有了超前的产品定位，还要将这种先进的消费理念传递给消费者。这就好比一家风味小吃店推出一种食品一样，不但自己要做出这种新食品，而且要让消费者知道，这样才能将食品卖出去。

脑白金就是这样，它不仅创造出了一种作为礼品来消费的保健品的概念和与之相对应的新兴市场，而且还通过同样新颖独特的广告战略作为支撑，将这种新概念推广，从而彻底抢占了这一新市场，将竞争者远远地甩在后面，独自摇曳在蔚蓝色的平静海面。

第五章　出奇制胜，攻其不备

出奇制胜是一种战术谋略，“凡战者，以正合，以奇胜。故善出奇者，无穷如天地，不竭如江河。”不从正面作战，而是一支从侧面突然出现的军队，往往出奇制胜，获得别人料想不到的收获。商场如战场。在商场中，有不少企业经营看长远，不贪图近期利益，常常是为人之所不为，走人之所不走，办人之所不办的商务，采取“人弃我取，人去我就”的战术。

创业
游击战

一、两军相争勇者胜，勇者相争智者胜

项羽破釜沉舟大破章邯；韩信背水一战，置之死地而后生；两军交战勇者胜，而勇者相争智者胜。这世界有勇无谋之人很多，有智之人也不在少数，然而最终成功胜利的却多是智勇双全之人。在今天市场瞬息万变，竞争激烈，每一个创业的人都应该当尽可能培养自己多智多勇。

动感地带将市场带入营销竞争时代

案例背景：中国移动作为国内专注于移动通信发展的通信运营公司，曾成功推出了“全球通”、“神州行”两大子品牌，成为中国移动通信领域的市场霸主。但市场的进一步饱和、联通的反击、小灵通的搅局，使中国移动通信市场弥漫着价格战的狼烟，如何吸引更多的客户资源、提升客户品牌忠诚度、充分挖掘客户的价值，成为运营商成功突围的关键。

作为霸主，中国移动如何保持自己的市场优势？

2003年3月，中国移动推出子品牌“动感地带”，宣布正式为年龄在15岁～25岁的年轻人提供一种特制的电信服务和区别性的资费套餐；

2003年4月，中国移动举行“动感地带”形象代言人新闻发布会暨媒体推广会，台湾新锐歌星周杰伦携手“动感地带”；

2003年5月～8月，中国移动各地市场利用报纸、电视、网络、户外、杂志、公关活动等开始了对新品牌的精彩演绎；

2003年9月～12月，中国移动在全国举办“2003动感地带M－ZONE中国大学生街舞挑战赛”，携600万大学生掀起街舞狂潮；

2003年9月，中国移动通信集团公司的M－Zone网上活动作品在新加坡举办的著名亚洲直效行销大会上，获得本届大会授予的最高荣誉——“最佳互动行销活动”金奖，同时囊括了“最佳美术指导”银奖及最佳活动奖；

2003年11月，中国移动旗下“动感地带”与麦当劳宣布结成合作联盟，此前由动感地带客户投票自主选择的本季度“动感套餐”也同时揭晓；

2003年12月，中国移动以“动感地带”品牌全力赞助由Channel V联袂中央电视台、上海文化广播新闻传媒集团主办的“未来音乐国度——U and Me! 第十届全球华语音乐榜中榜”评选活动。

两军相争勇者胜

手机已成为人们日常生活的普通沟通工具，伴随着3G浪潮的到来，手机将凭借运营网络的支持，实现从语音到数据业务的延伸，服务内容更将多样化，同时更孕育着巨大的市场商机。

而同其它运营商一样，中国移动旗下的全球通、神州行两大子品牌缺少差异化的市场定位，目标群体粗放，大小通吃。一方面是移动通信市场黄金时代的到来，一方面是服务、业务内容上的同质化，面对“移动牌照”这个资源蛋糕将会被越来越多的人分食的状况，在众多的消费群体中进行窄众化细分，更有效的锁住目标客户，以新的服务方式提升客户品牌忠诚度、以新的业务形式吸引客户，是运营商成功突围的关键。

（一）精确的市场细分，圈住消费新生代

根据麦肯锡对中国移动用户的调查资料表明，中国将超过美国成为世界上最大的无线市场，从用户绝对数量上说，到2005年中国的无线电话用户数量将达到1.5～2.5亿个，其中将有4000～5000万用户使用无线互联网服务。

从以上资料可看出，25岁以下的年轻新一代消费群体将成为未来移动通信市场最大的增值群体，因此，中国移动将以业务为导向的市场策略率先转向了以细分的客户群体为导向的品牌策略，在众多的消费群体中锁住15岁～25岁年龄段的学生、白领，产生新的增值市场。

锁定这一消费群体作为自己新品牌的客户，是中移动“动感地带”成功的基础：

1．从目前的市场状况来看，抓住新增主流消费群体：15岁～25岁年龄段的目标人群正是目前预付费用户的重要组成部分，而预付费用户已经越来越成为中国移动新增用户的主流，中国移动每月新增的预付卡用户都是当月新增签约用户的10倍左右，抓住这部分年轻客户，也就抓住了目前移动通信市场大多数的新增用户。

2．从长期的市场战略来看，培育明日高端客户：以大学生和公司白领为主的年轻用户，对移动数据业务的潜在需求大，且购买力会不断增长，有效锁住此部分消费群体，三五年以后将从低端客户慢慢变成高端客户，企业便为在未来竞争中占有优势埋下了伏笔，逐步培育市场。

3．从移动的品牌策略来看，形成市场全面覆盖：全球通定位高端市场，针对商务、成功人士，提供针对性的移动办公、商务服务功能；神州行满足中低市场普通客户通话需要；“动感地带”有效锁住大学生和公司白领为主的时尚用户，推出语音与数据套餐服务，全面出击移动通信市场，牵制住了竞争对手，形成预置性威胁。

（二）独特的品牌策略　另类情感演绎品牌新境界

“动感地带”目标客户群体定位于15岁到25岁的年轻一族，从心理特征来讲，他们追求时尚，对新鲜事物感兴趣，好奇心强、渴望沟通，他们崇尚个性，思维活跃，他们有强烈的品牌意识，对品牌的忠诚度较低，是容易互相影响的消费群落；从对移动业务的需求来看，他们对数据业务的应用较多，这主要是可以满足他们通过移动通信所实现的娱乐、休闲、社交的需求。

中移动据此建立了符合目标消费群体特征的品牌策略：

1．动感的品牌名称：“动感地带”突破了传统品牌名称的正、稳，以奇、特彰显，充满现代的冲击感、亲和力，同时整套VI系统简洁有力，易传播，易记忆，富有冲击力；

2．独特的品牌个性：“动感地带”被赋予了“时尚、好玩、探索”的品牌个性，同时提供消费群以娱乐、休闲、交流为主的内容及灵活多变的资费形式；

3．炫酷的品牌语言：富有叛逆的广告标语“我的地盘，听我的”，及“用新奇宣泄快乐”、“动感地带，年轻人的通讯自治区！”等流行时尚语言配合创意的广告形象，将追求独立、个性、更酷的目标消费群体的心理感受描绘得淋漓尽致，与目标消费群体产生情感共鸣；

4．犀利的明星代言：周杰伦，以阳光、健康的形象，同时有点放荡不羁的行为，成为流行中的“酷”明星，在年轻一族中极具号召力和影响力，与动感地带“时尚、好玩、探索”的品牌特性非常契合。可以更好地回应和传达动感地带的品牌内涵，从而形成年轻人特有的品牌文化；

“动感地带”其独特的品牌主张不仅满足了年轻人的消费需求，吻合他们的消费特点和文化，更是提出了一种独特的现代生活与文化方式，突出了“动感地带”的“价值、属性、文化、个性”。将消费群体的心理情感注入品牌内涵，是“动感地带”品牌新境界的成功所在。

（三）整合的营销传播　以体验之旅形成市场互动

“动感地带”作为一个崭新的品牌，更是中国移动的一项长期战略，在进行完市场细分与品牌定位后，中移动大手笔投入了立体化的整合传播，以大型互动活动为主线，通过体验营销的心理感受，为“动感地带”2003年的营销传播推波助澜！

1．传播立体轰炸：选择目标群体关注的报媒、电视、网络、户外、杂志、活动等，将动感地带的品牌形象、品牌主张、资费套餐等迅速传达给目标消费群体；

2．活动以点代面：从新闻发布会携手小天王、小天王个人演唱会到600万大学生“街舞”互动、结盟麦当劳、冠名赞助“第十届全球华语音乐榜中榜”评选活动，形成全国市场的互动，并为市场形成了良好的营销氛围，进行“传染”；

3．高空地面结合：中国移动在进行广告高空轰炸、大型活动推广传播的同时，各市场同时开展了走进校园进行的相关推广活动，建立校园联盟；在业务形式上，开通移动QQ、铃声下载、资费套餐等活动，为消费群体提供实在的服务内容，使高空地面相结合；

4．情感中的体验：在所有的营销传播活动中，都让目标消费群体参与进来，产生情感共鸣，特别是全国“街舞”挑战赛，在体验之中将品牌潜移默化地植入消费者的心智，起到了良好的营销效果。

“动感地带”作为中国移动长期品牌战略中的一环，抓住了市场明日的高端用户，但关键在于要用更好的网络质量去支撑，应在营销推广中注意软性文章的诉求，更加突出品牌力，提供更加个性化、全方位的服务，提升消费群体的品牌忠诚度，路才能走远、走精彩！

勇者相争智者胜

案例背景：近几年，具有规模、制造成本优势的国内彩电业，在进军国际市场时，面临研发力量薄弱、贸易壁垒、在目标市场的品牌知名度低、营销渠道不健全等问题，特别是研发力量薄弱、贸易壁垒两大问题，有可能让国内彩电企业在彩电技术升级浪潮和国际市场中遭遇重大挫折。

2003年11月4日，TCL集团与法国汤姆逊举行彩电业务合并重组协议，而美国当地时间11月24日，美国商务部初步裁定中国一些电视机生产商向美国市场倾销其产品，已圈定的长虹、TCL、康佳、厦华4家强制调查对象都被认定存在倾销，倾销价差为27．94%到45.87%。这个裁定，对其他几家的打击是致命的，特别是长虹、它占据了国内出口到美国份额的半数以上。但正因为TCL的兼并，它不仅不会受损，反而是最大的收益者，填补了其他企业留下的市场空白。

2003年11月，TCL集团与汤姆逊集团签署合作备忘录，拟由双方共同投入电视机和DVD资产，设立一合资公司，TCL集团持有其67%股份。该合资公司将被打造成为全球最大的彩电厂商。TCL集团将会把其在中国大陆、越南及德国的所有彩电及DVD生产厂房、研发机构、销售网络等业务投入新公司；而汤姆逊则会将所有位于墨西哥、波兰及泰国的彩电生产厂房、所有DVD的销售业务、以及所有彩电及DVD的研发中心投入新公司。TCL－汤姆逊公司成立后，其全球彩电销量将达1800万台，而去年全球彩电冠军三星的业绩是1300万台。

TCL策略主要有：

1. 突破专利与研发实力薄弱的技术天花板

目前我国彩电企业在核心技术方面，基本上没有专利权。在以往，核心零部件虽然须向外资企业采购，但国内企业依靠整机成本优势，在市场上还是有一定的话语权。但2002年年底，汤姆逊公司向我国彩电企业提出索要专利费的通牒，提出的专利共达20项，范围从小于20英寸的小彩电到25英寸的大彩电，平均每台要价1美元。作为老牌彩电企业，汤姆逊在传统彩电领域拥有3万4千多项专利，中国彩电产品只要出口，就很可能落入专利的陷阱。而联姻汤姆逊，TCL就轻易化解了专利危机。

TCL通过与汤姆逊的合资，很好地解决了研发环节薄弱的问题。根据协议，汤姆逊全球所有的电视和DVD研发中心都归合资公司所有。汤姆逊拥有传统电视机的所有主要专利和大部分数字电视与DVD专利。合资公司成立以后，TCL虽然仍会按照市场规则支付专利费用，但李东生表示，合资公司有能力产生新专利。很快，TCL就以实质行动证明了李东生的话。2003年年底，TCL与汤姆逊研制生产的85HZ背投电视，通过国家广播电视产品质量监督检验中心的验证。85HZ背投电视是“第五代背投”，TCL此举使得它在背投领域超越了长期领先的长虹。而且，这一突破也将为TCL带来丰厚的利润，据悉，已有多家国外背投品牌向TCL购买此项专利技术。

2. 绕开贸易壁垒

从1988年开始，欧洲市场就对我国和韩国彩电实施反倾销调查，并于1991年对我国彩电征收15．3%的最终反倾销税；中国彩电被阻隔在欧盟市场之外长达10年之久。2003年5月，美国也开始对我国彩电实施反倾销调查。2003年11月24日，美国商务部初步裁定我国出口到美国的彩色电视机存在倾销行为。

如果裁决结果依然是肯定的，那么今后五年内，美国进口我国彩电的税率将提高30%以上。这对我国彩电生产企业来说，将是毁灭性的打击。据统计，目前我国彩电出口到美国市场已经超过400万台，如果征收高额关税，我国彩电将只剩下本土、东南亚、中东、南美等局部市场，我国彩电超过1500万台的生产能力将被闲置。

2002年9月，TCL成功收购了德国老牌电视生产企业施耐德，通过建立欧洲生产基地，绕开了欧盟的贸易壁垒。但施耐德存在其局限性，它的市场主要集中在德国、英国和西班牙三国；生产所在地的劳动力成本高昂；原有重要客户在破产前已流失不少。

而汤姆逊则不同，在欧洲和北美均拥有当地的强势品牌，而且在欧美已经建立了相对完善的营销网络；其生产基地也在劳动力相对低廉的墨西哥、波兰等国，虽然这些国家劳动力成本相对中国要高，但与日、韩等地相比，依然有较强的优势。而且，TCL－汤姆逊如果采用的是主要零部件在国内生产，墨西哥、波兰等地整机装配的办法，将可以继续发挥国内劳动力成本低廉的优势。2004年，TCL－汤姆逊将通过其原先设在墨西哥的彩电制造厂出口北美地区，从而重新迈进美国市场的大门。

3. 节约品牌推广成本

在进入国际市场时，由于品牌推广成本的高昂，国内企业除了海尔等少数企业外，大多采用的都是与外资品牌合作，为其贴牌生产的方式。这样使得国内企业仅能获得微薄的加工利润。

海尔早在1998年就开始实施国际化战略，但直到2003年，其冰箱才在美国市场取得一定成绩。为此，在进入日本市场时，海尔调整了策略，虽然还继续坚持采用自有品牌，但销售网络借助当时家电生产商——三洋的帮忙。

海尔能够在海外市场取得成绩，一定程度上还与其生产的产品没有面临更新换代的问题。而电视则不同，据已公布的信息显示，美国计划在2006年关闭模拟电视；欧洲各国计划在2010年关闭模拟电视。与之相对应的是这几年，美国、欧洲市场数字彩电的销量大增。而另一方面，数字电视领域蕴藏的巨大商机，已经引起各大企业的重视，连惠普、摩托罗拉等IT企业都先后宣布将生产数字彩电。

如果TCL采用在欧美推广自有品牌的方式，就算扣除反倾销的影响，它也需时间建设销售网络，让当地消费者接受TCL品牌。但风云变幻的市场能给TCL留出时间吗？

与汤姆逊的合作，使TCL面临的难题迎刃而解。百年品牌——汤姆逊目前为全球四大消费电子类生产商之一，是全球第一台互动电视专利技术的拥有者，在数字电视、解码器、调制解调器、DVD机、MP3播放器、电子图书和家用数字网络等方面均处于世界领先地位，是欧美消费者认可的数字巨人。旗下的THOMSON品牌和RCA品牌分别在欧洲与北美市场上拥有良好的品牌形象。经过多年经营，在欧美已有庞大的销售网络。利用这些有利条件，可以大大节约TCL进入欧洲数字彩电的品牌推广成本。

这个世界就是那么精彩，做个勇者只是起步，因为强中更有强中手，此时需要比的是智慧。光有智慧也不够，能够想到是智，但能够做到则是要忍，高手相争谁也不愿意先出手。因为对方也是一等好手，出手则必有破绽，故忍者更有胜算。而“忍”的程度成为最后的关键，容者必无敌！

二、地道战，敌明我暗，以我之长克敌之短

田忌赛马，讲的是齐国大将田忌与齐威王赛马的故事。由于田忌的上中下三个等级的马都劣于齐威王的马，而田忌又用上马对上马，中马对中马，下马对下马，因此多次比赛都失败了。谋士孙膑巧妙地运用战略，通过重新排布三匹马的出场顺序，以下马对上马，上马对中马，中马对下马，帮助田忌以两胜一负的成绩获得了最后的胜利。同样的马匹，只不过调换了一下出场顺序，就得到了反败为胜的结果。这就是战略的力量，以己之长克敌之短。

游击战中地道战

“最初，他们只是挖个地窖，躲避日本军的抓捕。然而，将其向深处延展，就形成了相通的地道。当然，地下道的入口，是开在日本兵不容易找到的地方。从地下道的秘密入口进去，里面竟然有时会达到人可以站着行走的高度，在一些地方，为了防止日本军放毒气，还会设立夹层结构。各处都有通风孔和观察外界动静的窥视口。这样的地下道，把家与家，村子与村子连接起来，甚至发现过连接进县城的

地下道。我们甚至想，要把这些地下道连起来，恐怕能达到万里长城的长度。”

中国人民充分发挥了自己的优势，地道战，这种独特的战法，敌明我暗，以我之长克敌之短为中国抗日战争的胜利贡献了力量。

商战也是如此。高明的企业管理者善于将自己置身于地道里，隐藏力量；让对手企业在地道外面，疲于奔命，从而积蓄力量，寻找战机，一己之长，克敌之短，从而取得发展的机会。

李宁的智慧

2007年1月3日，李宁公司员工的神情多少有些落寞，因为李宁输了。围绕着北京2008合作伙伴的竞标大战在这一天有了阶段性的结果。李宁战斗到了最后一刻，但依然只有接受苦涩的失败，它被资金雄厚的阿迪达斯击败，后者成为北京奥组委选择的第七家合作伙伴。

与李宁的落寞相对应的是阿迪达斯的微笑，因为从赞助北京奥运中，它拿到了丰厚的福利：北京2008年奥运会和北京2008年残奥会的所有工作人员、志愿者、技术官员以及参加北京奥运的中国代表团成员都必须穿着印有“Adidas”标志的体育服饰；所有运动员上台领奖时，都必须穿着阿迪达斯的服装。

这对李宁来说，无疑是沉重的一击。李宁从1992年起就赞助中国奥运代表团的领奖装备，其中2000年悉尼奥运会时，以中国龙图案为主题的领奖服和源于自然灵感的蝴蝶鞋大放异彩，被参与奥运报道的各国记者票选为“最佳领奖装备”。角逐奥运赞助商的失利，意味着此番荣景已很难在北京奥运会上演。

这是一场实力悬殊的角力。李宁与阿迪达斯在规模和资金实力上都存在着较大差距：2006年，李宁的营业额为32亿元，而阿迪达斯这一数字则是1000亿元。如果坊间传闻属实，13亿元是最后的中标价格，那这一数字已是李宁公司2006年净利润的4倍多，放弃实在是意料中事，否则，那将是一次巨大的冒险。

很快，李宁已经走在了另一条路上，一条阿迪达斯不屑走、也不愿走的路——非奥运营销。角逐奥运会服装赞助资格失利仅仅几天后，早有第二手准备的李宁开始接连挥出数记重拳：2007年1月5日，李宁与中央电视台体育频道签订协议——2007～2008年播出的栏目及赛事节目的主持人和记者出镜时均需身着李宁牌服饰。此举意味着，在北京奥运期间，只要打开央视体育频道，李宁的Logo就会映入观众眼帘。

一周以后，李宁又再度出击，与阿根廷篮协签订协议，双方约定：上届雅典奥运会冠军阿根廷男子篮球队将身着李宁牌战袍，出现在北京奥运会的赛场上。而在4个月之前，李宁签约的西班牙男子篮球队在日本举行的世界篮球锦标赛勇夺冠军。这意味着一年之后的北京奥运会，男篮奥运冠军与世锦赛冠军都将身着李宁品牌的服饰，一道冲击金牌。

截止到今年5月上旬，备战奥运数月之久的李宁已经打造出一支星光璀灿的“李宁代表团”：其中包括中国射击队、跳水队、乒乓球队、体操队。李宁会为它们提供服装，而这四支球队在2004年雅典奥运会上取得的金牌数超过中国队金牌数总和的一半。

“李宁代表团”里还有些“国际纵队”：瑞典奥运代表团、阿根廷篮球队、西班牙篮球队、苏丹田径队，李宁会为它们提供服装。其中，签约瑞典奥运代表团使李宁公司成为第一个签约外国奥运代表团的中国品牌。

而李宁的备战工作还远未结束。据负责李宁公关的唐小姐透露，今年6月，李宁公司将与西班牙奥组委签约，成为西班牙奥运代表团在2008年北京奥运会上的服饰提供商。

这是一次颇具创意的营销方案，它十分巧妙地躲过了“奥运知识产权”的壁垒，以一种低成本的方式去拥抱北京奥运会——我不能跟北京奥组委合作，我就跟中央电视台合作，赞助不了整个赛事或者运动队，我就赞助报道赛事的主持人和记者。

2006年的多哈亚运会，当时，在央视播出亚运节目时，出镜的央视记者和主持人都穿上了“李宁服装”，这使坐在电视机前的许多中国观众误认为李宁才是中国队的服装赞助商，此举让砸下重金赞助中国亚运代表团的耐克郁闷不已。

我们可以想象，在2008年北京奥运会时，李宁的“依葫芦画瓢”届时会让阿迪达斯的郁闷比两年前的耐克呈现几何倍数的放大：那时亲临北京观看比赛的阿迪达斯高层，会发现电视机前出现的记者和主持人都身着李宁服饰，李宁Logo的出现频率届时可能与砸下重金的阿迪达斯不相上下。

李宁绕开“奥林匹克产权”等对方实的、强的战场，绕道到背后空地。“夫兵形象水，水之形，避高而趋下：兵之形，避实而击虚；水因地而制流，兵因敌而制胜。故兵无常势，水无常形；能因敌变化而取胜”，“军争之难者，以迂为直，以患为利。故迂其途，而诱之以利；后人发，先人至，此知迂直之计者也。”结果是李宁在一个战场上“输了”，但在另外一战场上实现“以强击弱，以实击虚，以众击寡，以己之长克敌之短”，从而低成本地实现整体上的“以少胜多”。

吉利“田忌赛马”

在强手如林的汽车产业中，吉利作为本土后发企业与国外领先汽车企业存在着诸多差距。而技术、市场、资本正是两者手中的三匹马，年轻的吉利在技术、市场、资本各方面均落后于国外大牌汽车厂商，如果以技术比技术、市场比市场、资本比资本这种硬碰硬的方式竞争，吉利毫无优势可言。于是，吉利开始“田忌赛马”。

吉利开始造车的时候，利用自己的市场去拼国外品牌厂商雄厚的跨国资本。吉利采取低价策略，以价格优势抢占低端市场，但显然他们自己也认识到这种方式走不通，要转型。消费者要的不只是“四个轮子+两个沙发”的外壳，还有更多超越产品物质层面的东西。而跨国公司凭借资本优势无论是在生产规模还是渠道网络上都可以比吉利更大手笔。

前期的不利为后期的成功埋下了伏笔。吉利懂得趋利避害，利用自己的资本，去海外购买先进技术。在成功收购全球第二大自动变速箱厂，澳大利亚DSI变速器公司后，紧接并购世界第三大豪华品牌的沃尔沃轿车，获得相应的技术来源，使自身“技术吉利”的发展战略有了支撑。

吉利又用自己技术来比拼国外品牌汽车厂商的市场优势。吉利自主研发的我国首款CVVT发动机，自动变速器等高技术产品，自主设计了美人豹、吉利虎等车型，填补了国内汽车核心零部件及整车设计领域的多个空白，一下子在国内用户群体中树立起了本土品牌敢闯敢干的形象，让每一个国人相信中国人也能造发动机。吉利的美誉度大幅提升，本土汽车市场也为之振奋。一个品牌的背后蕴藏着一种精神，而吉利正是如此为自己的品牌注入了灵魂。从此吉利再也不是“四个轮子+两个沙发”的外壳了，他们不仅为吉利汽车安装了发动机，也为中国本土汽车产业的崛起安装了一台自强不息的发动机。

三、地雷战，出其不意赢胜果

地雷战是抗日战争时期中国山东民兵最重要的作战方法之一，地雷是当时最重要的作战武器。抗战时期，地雷大显神威，不仅在山东海阳人民的革命斗争史上写下了光辉的一页，而且在胶东抗战史上涂上了浓重的一笔。地雷战的思想和策略对我们当今创业也有很大的作用及参考价值。

吕蒙大败关羽

“出其不意，攻其不备”，作为军事上著名法则之一，已成为了千古传诵的军事名言。三国时期，东吴名将吕蒙正是运用此计智夺荆州的。这一战，使得三国名将关云长败走麦城，也使得蜀国实力大损。面对名将关羽，名不见经传的吕蒙首先装病让陆逊代守陆口，陆逊修书一封并备厚礼遣人送给关公，当关公拆书阅后，见书辞极其卑谨，就更不把陆逊放在眼里，于是对东吴放松了戒备，撤掉了守荆州的主力去攻樊城。这时，吕蒙见时机成熟，便率精兵3万，快船80余只，选擅长游水者扮成商人，皆穿白衣，在船上摇橹，却将精兵伏于船中，关羽派的守江边烽火台的将士误认为是商人，就让吕蒙的船队全部靠岸，结果吕蒙趁机偷袭了沿江各处守军，并用重金收买荆州的士兵，令其喊开城门。守荆州的将士以为是荆州之兵，就开了城门，于是吕蒙便趁机偷袭了荆州，轻而易举地夺取了孙权梦寐以求的荆州。

商业竞争中，策略和技术的运用是取胜的关键所在，而要在企业的竞争中立于不败，就要出其不意，攻其不备。在这一点上，李嘉诚与其他华资巨头有着同样的认识。特别是在李嘉诚为首的华资集团与英资怡和集团的谈判斗争中，李嘉诚对这一点运用得十分恰当。

李嘉诚出其不意促成谈判

当时，华资集团欲秘密收购英资置地，通过一段时间的筹备，已经胜券在握，因此决定在香港股市收市以后，以李嘉诚为首的华资财团，包括华资巨头郑裕彤、李兆基以及荣智健，邀请怡和高层人员西门·凯瑟克以及包伟仕进行谈判。

谈判尚未开始就已经显得硝烟弥漫，谈判双方竭力平静的面部表情里面，似乎都贮满烈性火药，一如短兵相接的浴血之战眼看就要一触即发。

首先，李嘉诚开诚布公说明来意，指明以长江实业为首的四个财团，都希望尽快解决置地控制权最终归属谁的问题。然后，李嘉诚发起进攻，单刀直入地说：

“西门·凯瑟克先生，我们四家财团已经决定，以每股12元的价格，购买怡和手中持有的25.3%置地股权。”

早已领教过李嘉诚深藏不露且极具威慑力的谈判术的西门·凯瑟克，这回吸取上次教训，不与李嘉诚作马拉松式的意志力的较量，马上反守为攻，加重否定语气说：

“不可能，每股必须17元。这也是你10月股灾前愿意支付的价格，而现在置地的资产和租金都不曾下跌，怎么可能以每股12元的价格成交给你呢？”

对于怡和意料之中的反应，李嘉诚听后轻轻一笑，但还是不给对方有喘息机会，紧压话头反驳道：

“西门·凯瑟克先生，你似乎在强人所难，而且你现在还有意忽略了一个关键问题，那就是‘市价’。你和我都不是外行商家，按照商业惯例，只要收购方提出的价格高出对方市价的二至四成便可生效，更何况我们现在提出的价格，已高出置地目前市价的四成有余呢？”西门·凯瑟克无言以对，但仍态度强硬地坚持要每股17元的收购价。

谈判双方首肯的价钱相差太远，会谈开始陷入僵局。时间仍在不停地流逝，已经逐渐接近深夜，而会谈的空气仍旧空前紧张。

李嘉诚预感到双方如果继续这样僵持下去将十分不利，便使出“杀手锏”作最后的致命进攻——将四大财团于谈判前拟定的一份以每股12元全面收购置地股份的文件，出示给怡和主席西门·凯瑟克，并一字一顿地说：

“西门·凯瑟克先生，我必须很遗憾地告诉你，如果今天再谈不拢，明天上午四大财团将宣布以每股12元的价格全面收购置地。”

西门·凯瑟克大吃一惊，李嘉诚这一招是他不曾预料到的。而且从开始到现在，在他的心目中，中国人始终是逊色的。“什么时候中国人开始变得这么强大、这么有魄力的呢？”西门·凯瑟克无法回答自己心中的疑问，但是有一样是必须肯定的，如果明天上午四家财团的硬收购真的成功的话，那么接下来后果将不堪设想。

西门·凯瑟克强硬的态度不得不缓和下来，他马上要求暂停，并召集他的手下，紧急磋商起来。

不久，惟恐事态扩大的西门·凯瑟克迫于华资财团的压力，决定用议价购入四大财团手中所持有的置地股份。但是，老是处于被动地位的西门·凯瑟克这一次来了一个绝招，他提出了一个附带条件，华资财团七年内不得沾手怡和系股份。

由此一来，双方再一次展开了一场激烈的争论，直到最后，华资财团才让步同意忍受七年的“诱惑”之苦，不去侵扰怡和系股份。一场可能是有史以来最激烈的商场收购战，总算没有扩大并再次告一段落。而李嘉诚等人所采取的出其不意的战略是这场斗争中胜利的基础。

在做自己的事业时，想要赢得市场，便要不断创新，“出其不意”地推出新的产品投入市场，会获得不可估量的效益。自古以来，出其不意的原则在各行各业不断发挥着神奇的功效。在商业领域，不论公司的规模、地点或竞争形势如何，能不能有出其不意的表现，对成功与否有很大的影响。事实上，在结合了保密、速度、计谋、原创性和胆识，出其不意的行动能杀得对手措手不及，使力量对比产生有利于己方的决定性后果。

攻其不备，出其不意，以奇制胜，打破常规，用对手意想不到的新奇手段战胜对手，以变应变，也正是宇宙间一切事物运行的普遍规律。唯物辩证法认为，宇宙间万事万物都是发展变化的，唯有发展变化的这个规律是不变的。出奇制胜强调的是变化，反对的是模式化。就从这点看来，“攻其不备，出其不意，出奇制胜”不但是一个可以广泛运用的法则，而且是一个永恒的法则，永远不会过时！

四、声东击西，瞒天过海

声东击西，瞒天过海，是忽东忽西，隐瞒自己的真实意图，即打即离，制造假象，引诱敌人作出错误判断，然后乘机歼敌的策略。为使敌方的指挥发生混乱，必须采用灵活机动的行动，本不打算进攻甲地，却佯装进攻；本来决定进攻乙地，却不显出任何进攻的迹象。似可为而不为，似不可为而为之，敌方就无法推知己方意图，被假象迷惑，作出错误判断。

比如，四渡赤水之战是毛泽东充分利用敌人的矛盾，根据情况的变化，灵活变换作战方向，声东击西，指挥红军纵横驰骋于川黔滇边界地区，巧妙地穿插于敌人重兵集团之间，调动和迷惑敌人。发现敌人弱点时，立即抓住有利战机，掌握战争主动权，从而取得战略转移中具有决定意义的胜利。

影院老板声东击西赚钱术

一条街上有两家电影院，在市场不太景气的情况下，两家影院的老板都在使出浑身解数争揽顾客。路南的影院推出了门票八折优惠，路北的影院接着就来了个五折大酬宾。对于顾客来说，同样情况下，当然都愿意去花钱少的影院，于是，路北的影院生意兴隆，路南的影院门可罗雀。

路南影院的老板不甘坐以待毙，于是一赌气，干脆来了个“跳楼大甩卖”——门票打两折。按照当地消费水平和行业常规，影院门票五折以下已经毫无利润可言了，路南影院打两折的目的是为了把对手彻底挤垮，然后好再进行“价格垄断”。谁知，他们刚刚把顾客拉过来，路北的影院接着就推出了门票一折优惠，并且每人另送一包瓜子。

哪有这样做生意的，门票打一折是一元钱，一包瓜子少说也得一元，这等于是白看电影呀，路北影院的老板是不是疯了？路南影院的老板惊得直吐舌头。但顾客可不管老板是不是疯了，有这样天上掉馅饼的好事绝对不能错过，于是顾客纷至沓来，影院天天爆满。

这回路南影院的老板实在没有勇气参加竞争了，便宣告倒闭，关门了事。

大家都以为路北影院这时会恢复竞争之前的价格，但这个送瓜子的"赔本生意"却一直坚持了下来。

半年多的时间过去了，路北影院的老板买了奥迪轿车，房子也换成了高档别墅，一副发了大财的样子。原路南影院的老板对此百思不解，为了弄清真相，便通过朋友打探路北老板的经营秘诀。

在费了一番周折之后，他终于弄清了事情的真相。路北影院一元的票价要赔钱，送瓜子更是赔钱，但送的瓜子是老板从厂家订做的超咸型五香瓜子，看电影的人吃了瓜子后，必然会口渴，于是老板便派人不失时机地卖饮料，饮料也是经过精心挑选的甜型饮料，结果顾客们越喝越渴，越渴越买，饮料和矿泉水的销量大增——放电影赔钱、送瓜子赔钱，但饮料却给老板带来了高额利润。

商海中有人赚钱赚在明处，有的人则像这位影院老板一样，采取了隐藏利润点、迂回赚钱的策略。利润点隐蔽得好，顾客认为你做的是"赔本生意"，他便会觉得自己花的钱值，从而也就会痛快地掏腰包。声东击西，闷声发财实际上蕴含着科学经商的大智慧。

格兰仕"清剿"美的微波炉

2000年的微波炉市场，正当LG与格兰仕打得不亦乐乎、无人能撼动格兰仕在中国市场的霸主地位之时，与格兰仕同处顺德的美的集团，却挟资金、渠道、研发上的优势发难，一脚踏入微波炉市场。美的自信在于：首先，它有空调主业的利润支持；第二，以其人之道还治其人之身。格兰仕擅使的武器，美的也不会生疏。上市当年，美的硬是活生生地抢下了微波炉市场9.54%的份额。

卧榻之旁，岂容他人酣睡？对于美的的挑衅，以好斗为能事的格兰仕岂能坐视？除了大打“口水战”之外，格兰仕很快宣言：以20亿杀入空调市场。

虽然美的不是空调霸主，但是美的空调绝对是业内能说事的角。格兰仕巨资、又好用价格清洗手段杀进空调业，很显然可以“搅动一池沸水”。无论是谁，当你被一个偏执狂式的对手盯着发力时，心无旁骛总是在所难免的。当格兰仕高调宣扬将从美的人才队伍里“挖角”时，它的意图即可达到。

如今的态势是，格兰仕空调未曾火过，但在它的牵制下，美的微波炉的发展势头严重受制。

如果可以，世界上没有一个傻瓜企业愿意一条腿走路。所谓“一招鲜，吃遍天”无非初创企业的自我心理暗示，尤其是在咨讯异常发达的今天，copy使创业者的欲望得以轻而易举地满足。对成名企业来说，成名之日起，就必须做好应对失败的准备。道理再简单不过：扳倒一只大象，比猎杀几只麋鹿，更有成就感和享受成果的快意。

“声东击西”多用于弱者与强者的对垒。强者好打阵地战，硬弓硬马，列阵而御；而弱者因为步伐灵活，在运动中寻觅战机，常常以弱胜强。“四渡赤水”就是中国军事史上的典范之作。用之与商场，如何操作？

1．确保自己有可倚仗的资源。如格兰仕的民企体制，造势时不须像美的作为上市企业那样承担责任。如果格兰仕决策失败，最多是老板“一人哭”，而美的则要承担股市的“千夫指”，所以，格兰仕的决策机制将更容易取信经销商。再如“非常可乐”对中国农村市场的攻略，那是“两乐”几乎完全弃置的。

2．以“迷惑”为目的，主要在于调度敌人，使对手分神，然后寻机各个击破。所以，一般是小分队作机动，主力待机而起，万不可颠倒主从关系。试想如果格兰仕认为自己的空调可以迅速召来丰硕利润，而以微波炉骚扰对手，岂不贻笑大方？

3．快速、统一行动。在有限的时间内完成战略部署，造成神出鬼没态势，让对手弄不清真假。等弄清了，该做的事做完了。如果步调不一致，就象足球场上的造越位战术，被对手识破意图，抓住空隙，来一个反越位，那只能赔了夫人又折兵。

五、不落窠臼，创新求变图发展

著名管理大师彼得·德鲁克曾经说过，“每一个组织都需要一个核心的能力，就是创新”；对许多中国企业来讲，新一轮增长的内在驱动力只有一个，那也是创新。这也就决定了，那些真正去实践创新的企业才能成为行业的引领者。

亨达坚持创新战略立于不败之地

近来，浙江等地制鞋企业因资金链断裂、成本提高等因素纷纷倒闭、破产；而在青岛，有这样一家鞋业企业，虽然没有良好的产业集群优势，却历经27年发展，依然保持持续、健康、稳定的发展；是什么，让一个民营企业能够应对不同历史时期的各种挑战，历久弥新？

（一）技术创新：企业市场竞争的有力保障

亨达股份每年将销售收入的6.2%投入企业的技术研发。截至目前，公司共申报和获得国家专利有几百项，多项技术和产品获国家及省市级大奖。其中，亨达自主研发的“皮革无缝粘接技术”先后获国家发明专利、“中国轻工联合会科学技术发明三等奖”、“青岛市科学技术发明二等奖”，该项技术可使皮鞋的皮料利用率提高7%以上，极大地节约国家资源和促进行业发展。而太空防水透气鞋、按摩防滑减震鞋、GPS定位鞋等一系列新产品也在行业位于领先地位，投入市场后，赢得消费者的普遍认可。2009年，“皮革无缝粘接技术”的研究与开发项目、“抑菌防臭净化鞋生产线技术改造项目”成为皮鞋行业两个国家级技改项目，落户亨达。许多专家感叹地说：一个传统产业，一个民营企业，很难想象有这么多新技术、新产品与新成果！

（二）市场创新：创出消费网络新天地

亨达股份是中国皮革行业骨干企业、中国皮革协会副理事长单位，“亨达”是中国驰名商标、全国消费者满意产品，但王吉万并不满足于此。“创造满足消费者需求是我们的企业使命，我们不但要满足消费者的想法与需求，而且要通过技术创新、工艺创新、款式创新创造消费市场新需求。”王吉万说，“现在是互联网时代，也可以说是物联网时代，用户的需求碎片化、多样化，要快速、精准的把握和满足消费者的需求，肯定离不开互联网。亨达已经成功利用互联网平台进军电子商务！”截止目前，亨达股份以亨达、阿迪丽娜、动力足三大品牌为基础，不但在全国实体市场建立直营、代理、加盟立体式营销网络，还在电子商务平台取得良好成效，拥有稳健的网络忠实消费者。

同时，在国际市场一体化背景下，亨达股份坚持国内市场和国际市场两条腿走路战略，以优异的产品质量、前沿的研发设计、优良的信誉博得国际客户的广泛认可，也因此被认定为“国家出口商品免验企业”，取得了对外贸易的“国际通行金卡”，大大增强了亨达在国际市场的综合竞争实力。

（三）管理创新：让员工从“零件”变成“发动机”

管理体制的建设是企业健康运行的保障，2006年，亨达股份一次性通过ISO9001质量管理体系、ISO14001环境管理体系、GB/T28001职业健康安全管理体系的“三合一体系认证”；2008年，公司又通过“测量管理体系”认证，并坚持做到认证与运营相统一，从而促进了企业的标准化、规范化运作，实现了从以职能为核心的传统体制向以流程为核心的现代企业管理体制转变，先后荣获“中国轻工业卓越绩效先进企业”、“山东省标准化良好行为AAA企业”等荣誉。

亨达股份为了建立全员创新氛围，不但成立专业部门企管部积极推行创新理念、方法、模式，还将创新纳入公司整体绩效考核体系，从公司高管到各部门，全部设立创新指标，并组建了创新委员会，定期进行立项、评审、验证全流程管理。

仅第二季度，员工提报创新100多项，直接创造经济效益1000多万元。据员工说：在亨达一项三等奖的创新，员工就能获得1万元的奖励！许多员工过去只是普通一线岗位的操作工人，日复一日、年复一年重复着机械的动作，而今天创新的机制让大家兴奋起来，“兰恭收工作法”、“董志清报表系统”……一个个创新发明，让亨达员工成为创新发动机。

（四）文化创新：员工淡定幸福的新能源

亨达股份非常注重企业文化建设和创新。在人心浮躁的当今社会，一切向钱看使人迷失自我。亨达股份不仅教给员工谋生的工作技能，还教会员工如何做人。英国历史学家汤恩比博士曾经说，21世纪是中国的世纪，拯救世界只有靠以儒家思想为核心的传统文化。2011年初，亨达股份将传统文化引入企业文化建设，并制定三年计划和长远规划，确定中华传统文化启蒙年、践行年和示范年。2011年上半年，亨达股份通过传统文化导入，让全体员工了解、感知传统文化，从而提高文化素养与道德水平，从而实现和乐人生、和睦家庭、和谐企业。

亨达文化集中华传统文化、现代西方管理、企业27年亨达创新文化于一体，形成了独具特色的核心文化构架，走进亨达，你能切实感受到一个现代企业管理机制运行下有效融合的企业文化。

亨达发展到今天已经27年了，之所以还能够在全球经济一体化背景下稳健成长，不单纯是技术、市场、管理、文化四位一体化创新，更重要的是创新的思维与创新的战略，这是一个企业的灵魂，也是一个企业适应市场发展不断转型升级的关键。

创新是宝洁实现增长的主要驱动器

梅莉莎·克罗伊泽尔是宝洁研究中心的产品研究员。每个月她都要离开实验室几天，去做一些看似与本职无关的事——拜访消费者。她的拜访不只是一般的访谈，而是要到他们家里实际观察，了解他们在生活中碰到的麻烦以及需要。

让研究人员走出实验室的政策，是宝洁CEO雷富礼上任后开始实行的。不仅研究人员，就连雷富礼这个教授模样的CEO也会时不时化名到消费者家中“微服私访”。其实，这只不过是雷富礼4年前开始推行的新创新模式的一部分。

在雷福礼的领导下，过去3年里，宝洁的销售收入年均增长10%，平均每股利润增长33%。2004财年，宝洁销售收入达到了514亿美元，利润64亿美元，均为历年来最高。尽管在年初实施了股票拆细，2004年宝洁的股价仍上涨了10%。向来低调的雷富礼“龙颜大悦”，额外奖励宝洁9万余名员工两天假。2004年12月初，宝洁猜测，其2005财年销售额增长将达到6%至9%。过去4年，宝洁实现了200个品牌产品的更新换代，并创造了不少全新的产品类别，如美白牙贴，现在这种产品的销售额已达到20亿美元。曾经被认为在一个传统行业里暮气沉沉的宝洁，成了创新能力最强的国际大公司之一。

（一）让消费者决定创新

不创新就难以生存，这是一个商业常识，然而大多数创新又都会以失败告终。宝洁成功化解了这个两难命题，其要害所在就是对创新模式的创新。

宝洁负责研发的副总裁拉里·休斯敦曾断言，大多数公司采取的研发模式已经失灵。他的同事、宝洁首席技术官吉尔·克劳伊德分析了旧有创新模式失灵的原因，他认为，在消费用品领域，品牌的增多大大拓宽了消费者的选择余地，在激烈的竞争下，创新产品的生命周期大大缩短，结果导致创新速度加快。他估计，过去10年创新步伐大约加快了一倍。创新速度加快同时也意味着失败概率的增加。“在这种情况下，公司必须重新构建一个更为高效的创新体制。”克劳伊德说。

德布·亨莱塔是宝洁婴儿护理产品部总裁。她办公室楼下的大厅里经常会有一些年轻妈妈光顾。原来，亨莱塔在这里设立了一个尿布测试中心，让母亲们试用宝洁开发的婴儿纸尿裤，从中了解消费者对产品的反映，更重要的是了解她们的新需求，以开发出针对性更强的新产品。该公司推出的系列“帮宝适”高级纸尿裤，就是根据在此类试验中了解到的消费者需求开发出来的。

克劳伊德指出，要成功，宝洁就必须关注顾客体验的方方面面。事实上，宝洁提出了“360度创新”的概念，即围绕它所说的顾客体验进行全方位创新，包括达到所需性能的产品技术、能够以合适价格生产出该产品的生产技术、产品性能外观和包装的概念性以及审美性因素等等。以前，宝洁往往把内部研发工作的评估重点放在技术产品的性能、专利数量和其他指标上，现在，它更加强调可以感知的顾客价值。

这首先意味着对消费者需求的精准把握。为此，自上任以来，雷富礼要求公司上下都要从消费者的角度而不是从科学家的角度来考虑创新问题。宝洁首席营销官吉姆·施腾格尔要求营销人员大幅增加与消费者沟通的时间，2000年，宝洁平均每名营销员每月与消费者沟通的时间不足4小时，现在已超过12小时。营销员还被要求深入消费者的实际生活，到消费者家中观察他们洗衣服、擦地板、给婴儿换尿布等，从中了解其生活方式和希望解决的麻烦。

“我们正通过‘反向设计’对低价“帮宝适”Basico产品线进行创新。”宝洁在拉美的婴儿护理产品营销主管吉列尔摩·里维拉里摩说，所谓的“反向设计”，就是先了解消费者需要什么，可承受的价位是多少，然后据此确定、设计产品的功能，除去可能会使产品价格上升的不必要的功能。

5年前，宝洁收购美国第5大宠物食品公司爱慕思公司。现在，爱慕思已跃居宠物食品行业的老大。积极创新是这起当初不被人看好的收购得以成功的内在原因。针对宠物主人希望宠物长寿的心理，爱慕思推出了一系列旨在延长宠物寿命的新产品，如减肥配方食品、抗氧化剂及防止牙垢的宠物护齿产品等，并计划研发宠物用的核磁共振成像仪。这些新产品的推出使爱慕思的销售收入显著上升。

（二）全方位创新理念使宝洁重视成本因素

宝洁称之为“成本创新”。目前，宝洁在全球的消费者已达到20亿左右，它提出要为世界上大多数消费者服务，这意味着要加大发展中国家市场及发达国家的中低端市场的开发。要在这些市场盈利，就必须更加重视控制产品的成本。宝洁一名高级官员说：“我们分配了更多的研发和工程设计资源，用来为世界上更多的消费者服务。我们的目标是通过创新满足较低收入消费者的需求。”

宝洁的许多产品正是这样推出的。“帮宝适”在波兰推出一种婴儿湿纸巾，其价格比以往的同类产品降低了20%。由于在波兰市场获得成功，宝洁预备在其他国家推出。在俄罗斯市场，宝洁了解到大多数俄罗斯妇女不喜欢用Alaways超薄卫生巾。这一方面是因为超薄卫生巾让她们觉得不太安全，另一方面也有价格上的考虑。于是，宝洁推出了加厚型卫生巾，从而使其在俄罗斯的市场份额上升了8%。

雷富礼上任以来，宝洁推出了众多的新产品，从速易杰拖布到佳洁士电动牙刷再到Whitestrip美白牙贴等,其市场份额因此得到不同程度的提高。在牙齿美白产品市场，一年前其份额是57%，现在已达到70%；纸尿裤的市场份额也由一年前的45%上升到了48%。宝洁首席财务官克莱顿·达利表示，该公司70%的业务市场份额都实现了增长，假如没有创新，这是绝对无法做到的。

创新要则：

1. 优秀的公司往往不畏风险，积极面对挫折，并勇于探索界限之外的风景；

2. 善于观察一般人习以为常之事，从细微处入手，才会拥有打破常规的能力；

3. 以使命激发团队激情，营造内部竞争气氛，促使团队更快地到达胜利的终点；

4. 敢于为公司注入新鲜血液，雇用一些偏离主流的员工，你会获得意外的惊喜；

5. 创新的最大障碍在于公司固定的意识倾向，不要让僵化的思想侵蚀人们的精力。

第六章　知人善任，能者为将

知人善任，首先要知人。知人是善任的前提、基础和先决条件。不知人，就谈不上善任。知人，就是要通过各种方式去感知人、了解人、认识人、熟悉人、把握人，对人的情况做到心中有数、了如指掌。知人是为了善任，善任是对知人成果的运用，是知人的目的。善任，就是讲究用人之道，精于用人艺术，善于使用干部、使用人才，就是要把合适的人在合适的时机用到合适的岗位，能者为将。

创业
游击战

一、人才，是游击战胜败的决定性因素

企业核心竞争力越来越表现为对作为第一资本的人才的培育、拥有和运用能力。人才是推动企业健康发展的力量源泉，无论从宏观角度，还是从微观角度来看，人才是企业发展的决定性因素。只有拥有了充足的人才，企业才能实现跨越式的发展。

曹操爱才终成大业

三国时的曹操对于人才的求贤若渴，也是曹操值得欣赏的地方，曹操为了选拔更多的人才，打破了依据封建德行和门弟高低任用官吏的标准，提出了“唯才是举”的用人方针，于公元210年春天下了一道《求贤令》。曹操在令中一开始就总结历史经验，认为自古以来的开国皇帝和中兴之君，没有一个不是得到贤才和他共同来治理好天下的，而所得的贤才，又往往不出里巷，这绝不是机遇，而是当政的人求访得来的。有鉴于此，曹操立足现实，指出现在天下未定，正是求贤最迫切的时刻。他希望左右的人不要考虑出身，帮他把那些出身贫贱而被埋没的贤才发现和推举出来，只要有才能就予以重用。后来，曹操于公元214和217年又下了两道《求贤令》，反复强调他在用人上“唯才是举”的方针。他要求人事主管部门和各级地方官吏在选拔人才上，力戒求全责备，即使有这样那样的缺点也没有关系，只要真有才能就行。经过一番努力，曹魏集中了大量人才，当时各地投奔到曹操门下的人很多，形成猛将如云、谋臣如雨的盛况。而且对于有才干的人曹操还能做到不计前嫌，比如陈琳本来是袁绍的部下，曾经替袁绍起草檄文，骂了曹操的祖宗三代。袁绍失败后，陈琳归降曹操。曹操问他说："你从前为袁绍写檄之，骂我一个人就可以了，为什么要骂到我的祖宗三代？"陈琳连忙谢罪。曹操爱惜他的文才，不仅对他不处罪，还照样任用他。

刘邦知人善任

刘邦打败了项羽，统一了天下，建立了大汉江山，心情非常高兴。一天，他大宴群臣，在宴会上，他乘着酒兴，问群臣："你们知道我为什么能够夺取天下，而项羽那么多军队却失去了天下吗？"众大臣七嘴八舌，有的说："您治军严厉，甚至苛刻；项羽太讲仁义了。"有的说："您最大的特点，是有功者赏，有罪者罚；而项羽疾贤妒能，有功者害之，贤能者疑之。这就是您得天下而项羽失天下的原因。"刘邦笑了，说："你们只知其一，不知其二。我之所以能夺取天下，主要是因为我善于识人用人。要说运筹帷幄之中，决胜千里之外，我不如张良；管理国家，安抚百姓，做好军队的后勤保障工作，我不如萧何；统帅百万之众，战必胜，攻必取，我不如韩信。这三个人是人中之杰，我能大胆地使用他们；而项羽有一个范增却不能用，这就是我能夺取天下、而项羽失去天下的原因啊。"

福特不惜巨资网罗人才

有一次福特公司的一台马达坏了，公司出动所有的工程技术人员，但是没有一个人能修复，福特公司只得另请高明。几经寻找，找到了坦因曼思，他原是德国工程技术人员，流落到美国后，被一家小工厂的老板看中并雇佣了他。

他到了现场后，在马达旁听了听，要了把梯子，一会儿爬上一会爬下，最后在马达的一个部位用粉笔画一道线，写上几个字“这儿的线圈多了16圈”。果然把多余的线圈去掉，马达立即恢复正常。

亨利·福特非常赏识坦因曼思的才华，就邀请他来福特公司工作，但坦因曼思却说：“我现在的公司对我很好，我不能忘恩负义。”

福特马上说：“我把你供职的公司买下来，你就可以来工作了。”福特为了得到一个人才不惜买下一个公司。

企业人才选择制度是发现人才的关键

人才是企业成败的关键，那么一套完善的人才选择制度更是发现人才的关键。人才的选拔制度是企业发展策略中的重要组成部分，直接反映出一个企业在人才管理方面的成功与否。企业如何能够通过选拔机制找到合适的岗位负责人，同时达到发掘人才、减少人力资源流失的双赢效果？

广州王老吉药业在企业内部开展人才竞聘已经有四五年的历史，2002年至2003年间正式转变为制度化进行，到目前为止选拔出来的中层管理者有16个，主管级员工18个，竞聘的优胜者中称职率达到了90%以上。王老吉表示，形成制度化的人才竞争岗位制度，可以通过良性的较量方式为员工提供相互学习的机会，同时有助于员工形成在企业中找到自己位置的一种内部文化。只要操作得当，随时都能达到一箭几雕的特殊效果，关键是坚持公开、公平、公正的原则，把合适的人用在合适的岗位上。

（一）提供机会，放松准入资格

作为企业内部的人才选拔，王老吉的竞聘制度主要以企业内部员工为主要对象，经过多次的竞聘活动后，招聘的范围从原来的中层干部拓宽到主管以及总经理助理等高级别的职位。而准入的资格则朝着相反方向发展，越来越放松，早期对工作年资、自身硬件方面的要求已经全部取消，只要是企业的员工，不分年龄、学历、工龄都能参加任何岗位的竞聘，目的是为更多的员工提供展示自身才华的机会和舞台。

（二）摆脱一成不变的选拔机制

一成不变的选拔机制难免会限制了参加选拔员工的“演出”，王老吉从推出竞聘至今适时地对选拔机制作出一连串的修改：从原本固定的笔头考试发展到现在的结合演论文展示，考核的标准逐步趋于科学化；面试的题目不再是统一内容，评委采取因人而异的方式提出有针对性的问题；评分的标准进一步细化，分为礼仪、口才等五大项目，几十个打分标准，力求对参加选拔的人才进行最到位的评估。

主观色彩浓厚的评委组合也在不断改进，原来全部由企业领导组成的评委团改为由一半领导、一半外来教授或专业人士的组合方式，在一些重要职位的评选上，外来评委的数量还将多于企业内部的领导，以得出最公正的选拔结果。

（三）松紧结合，放权试用期

竞聘的优胜者是否能够得到实际重用？这是不少员工最担心的事情，王老吉管理层选择了责保机制配合下全面放权的做法。新上任的竞聘优胜者需要通过明确的岗位说明书来清楚认识自己的职责，企业采取责、权、利相结合的方式，在试用期间视在职工作情况来决定发放高于竞聘者原有工资水平、低于现职工资水平的薪金。

在协助新上任的优胜者开展工作方面，王老吉专门设立了一个辅导员的角色，由企业选择适当的管理人员或经验充足的老职工从旁发挥辅导作用，加快优胜者熟悉新岗位的工作，同时也为企业的正常运作提供了一个保障。

（四）通过竞岗建立企业人才库

毕竟竞聘只能有一个优胜者，对于落选的员工，如果企业处理不当，很可能会造成人才的流失。在王老吉内部，有一个与领导共进午餐的约定，竞聘结果出来以后，员工无论胜败都将与企业的管理层一起吃一顿午饭。企业老总将通过这次机会给予员工适当鼓励，并确保参加选拔的员工档案已经进入企业内部的人才库，在接下来的工作中尽量提供符合员工需求的培训，使员工感受到企业对他的重视，拉近员工与企业管理层之间的距离。这样做不仅可以最大限度地体现企业内部相互关爱的人文精神，同时加强企业对员工的凝聚力，使企业内部的人才运用始终处于一个良性的发展过程。

二、群策群力，打造激情创业团队

每个人的能力都有一定限度，善于与人合作的人，能够弥补自己能力的不足，达到自己原本达不到的目的。自己力量有限，这是我们每一个人存在的问题，但是只要有心与人合作，善假于物，那就要取人之长，补己之短。只有这样，才能互惠互利，让合作的双方都能从中受益。

每年的秋季，大雁由北向南以V字形状长途迁行，雁在飞行时，V字形的形状基本不变，但头雁却是经常替换的。头雁对雁群的飞行起着很大的作用。因为头雁在前面开路，它的身体和展开的羽翼在冲破阻力时，能使它左右两边形成真空。其它的雁在左右两边的真空区域飞行，就等于乘坐一辆已经开动的列车，自己无需再费太大的力气克服阻力。这样，成群的雁以V字形飞行，就比一只雁单独飞行要省力，也就能飞得更远。人们只要相互合作，也会产生类似的效果。只要你以一种开放的心态做好准备，只要你能包容他人，你就有可能在与他人的协作中实现仅凭自己的力量无法实现的理想。

马云用激情打造阿里巴巴

马云对互联网、对电子商务的渴望有多么的强烈，从他创业之初毅然辞去大学教师的职务就可看出，而开始创业时所经历的一系列宣传及推广工作，让人深深感受到马云身上洋溢着的创业激情。

由于创业之初互联网不为人知，马云他们不得不承担起宣传和普及互联网的重任。没钱做广告，他们就一家一家地演示游说。为了宣传互联网，马云不放过任何机会，也不管时间和地点。有人甚至在杭州的大排档里见到马云手舞足蹈地向身边的市民大侃互联网。提及此事，马云毫不在意地说："我有一副天生的好口才，为什么不能在大街上宣传我的公司？"马云像着魔一般宣讲互联网。逢人就讲，无处不讲。同时一家家公司、一家家企业扫过去，向他们推销互联网，推销中国黄页。马云那时的角色，就是狂热的义务宣传员和疯狂的推销员，甚至被人斥为"疯子"。

精诚所至，金石为开。一连数日不知疲倦地奔波，马云他们终于拿到了第一单生意。这一单的支票是一家民营衬衫厂付的，虽然只有万元，毕竟是中国黄页业务的第一次真正意义的突破。它第一次向公司三个创始人证明，马云臆想出来的这个史无前例的商业模式"也许有戏"。

为了拿下一家杭州企业的生意，马云一连跑了五趟。但企业老总老是怀疑电子商务是骗人的东西。为了说服这位老总，马云为他收集了大量有关电子商务的资料，一遍又一遍向他讲解电子商务是一种新型商业模式，在网上做广告比在其他媒体上做有更广泛的效应。任凭马云费尽口舌，老总还是将信将疑。面对这块难啃的骨头，马云没有放弃。走时他向老总要了一份企业的宣传材料，几天以后马云带着一台笔记本电脑又杀了回来，当企业老总看到了电脑上显示的自己企业的网页时，终于同意付款。

尽管以后的每一单依然艰难，但马云依然激情不减。

创业初期曾访问过阿里巴巴的《亚洲华尔街日报》的总编这样写道："没日没夜地工作，屋子的地上有一个睡袋，谁累了就钻进去睡一会儿。"数月后《福布斯》杂志的资深记者贾斯汀参观了阿里巴巴创业时的房子："20个客户服务人员挤在客厅里办公，马云和财务及市场人员在其中一间卧室，25个网站维护及其他人员在另一间卧室……像所有好的创业家一样，马云知道怎样用有限的种子资金坚持更长的时间。"其实记者们看到的只是一些片段。

阿里巴巴初创时，马云知道加班会是常态，于是要求大家住在离办公室步行5分钟就能到的地方，大家租的都是附近最便宜的民房。

马云早就有话在先："我许诺的是没有工资，没有房子，只有地铺，只有一天12个小时的苦活。"初创时期的作息时间是早9点到晚9点，每天12个小时，这是正常作息时间。每天都会有一些人早来一些，迟走一些。加班时，每天要干16个小时甚至更多，而加班又很经常。每遇新版发布，加班是不可避免的。

初创时期，写程序的工程师们很辛苦，做客服的编辑们也很辛苦。做客服的每人都有一个个人邮箱，每人都有一个化名，所有给客户的邮件都是通过个人邮箱发出的。阿里巴巴一开始就坚持与客户一对一地在线沟通，用人沟通而不是用机器。后来任阿里巴巴副总裁的彭蕾说："那时的客服都是即时的。大家做客服做到了痴迷的程度，工作到半夜一两点，客户的信没有处理完就不回去。有时客户半夜两点收到邮件，很吃惊，问我们：是不是时间有问题？我们说：没有啊，我们都在线啊，客户非常感动。"可以看出阿里巴巴一开始就坚持客户第一，就强调服务第一。那时，全靠人性化的服务争取客户，而很多新客户都是朋友推荐来的。

工作艰苦，生活也艰苦。每人每月500元工资，其实还是自己给自己发工资，因为发工资的钱是大家凑的，其艰苦程度可想而知。

阿里巴巴副总裁、“十八罗汉”之一的金建杭说：“条件艰苦一点儿没什么不好，会让机会主义者走开。”若要用一个词来描述阿里巴巴创业者的工作状态，那就是“疯狂”。那时，没人计较投入产出，没人计较个人时间，甚至没人感到苦，反而觉得那段日子很开心很幸福。

俞敏洪打造团队核心竞争力

俞敏洪的成功之处是为新东方组建了一支年轻而又充满激情和智慧的团队，俞敏洪的温厚，王强的爽直，徐小平的激情，杜子华的洒脱，包凡一的稳重，五个人的鲜明个性让新东方总是处在一种不甘平庸的氛围当中。

作为教育行业，师资构成了新东方的核心竞争力，但是如何让这支高精尖的队伍，最大程度的发挥作用，俞敏洪从学员需求出发，秉持着一种“比别人多做一点，比别人做得好一点”的朴素的创新思维，合理架构自己的团队，寻找和抓住英语培训市场上别人不能提供或者忽略的服务，使新东方的业务体系得以不断完善。

比如，当时新东方就开辟了一块由一个加拿大人主持的出国咨询业务，学员可以就近咨询，获得包括一些基本申请步骤、各个国家对待留学生的区别、各个大学颁发奖学金的流程和决策有何不同、读研究生和读博士生的区别在什么地方等必要知识。

1995年，俞敏洪逐渐意识到，学生们对于英语培训的需求已经不只限于出国考试。比如，1995年加入新东方的胡敏就应这种需求，开发出了雅思英语考试培训，大受欢迎，胡敏本人也因此被称为“胡雅思”。

徐小平、王强、包凡一、钱永强等人分别在出国咨询、基础英语、出版、网络等领域各尽所能，为新东方搭起了一条顺畅的产品链。徐小平开设的“美国签证哲学”课，把出国留学过程中一个大家关心的重要程序问题，上升到一种人生哲学的高度，让学员在会心大笑中思路大开；王强开创的“美语思维”训练法，突破了一对一的口语训练模式；杜子华的“电影视听培训法”已经成为国内外语教学培训极有影响力的教学方法，新东方的老师很多都根据自己教学中的经验和心得著书立说，并形成了自身独有的特色，让新东方成为一个有思想有创造力的地方。

谈到团队的组建，《西游记》中由唐僧率领的取经团队被公认为是一支“黄金组合”的创业团队。四个人的性格各不相同，却又同时有着不可替代的优势。比如说，唐僧慈悲为怀，使命感很好，有组织设计能力，注重行为规范和工作标准，所以他担任团队的主管，是团队的核心；孙悟空武功高强，是取经路上的先行者，能迅速理解、完成任务，是团队业务骨干和铁腕人物；猪八戒看似实力不强，又好吃懒做，但是他善于活跃工作气氛，使取经之旅不至于太沉闷；沙僧勤恳、踏实，平时默默无闻，关键时刻他能稳如泰山、稳定局面。

但是，创业路上，并没有那么巧的机缘和条件，能幸运地集聚到这样四个不同性格的人。所以，如果只能从这四个人中挑选出两个人来作为创业成员的话，你会挑选哪两位？

在一次活动中，牛根生客串主持人，向马云和俞敏洪提出了这样一个问题。

俞敏洪选沙僧和孙悟空，马云选择了沙僧和猪八戒。两人都选择了耿直忠厚的沙僧，但是关于另一个人选，两人的选择却很有意思。

马云这样解释他为什么选择猪八戒："最适合做领袖的当然是唐僧，但创业是孤独寂寞的，要不断温暖自己，用左手温暖右手，还要一路幽默，给自己和团队打气，因此我很希望在创业过程中有猪八戒这样的伴侣。当然，猪八戒做领导是很欠缺的，但大部分的创业团队都需要猪八戒这样的人。"

俞敏洪不赞同马云的选择，他认为猪八戒不适合当一个创业伙伴，猪八戒是很能搞活气氛，让周围的人轻松起来，但是缺点也很突出，就是不坚定，需要领袖带着才能往前走。而且猪八戒既然没信念，哪好就会去哪，哪有好吃的就往哪去，很容易在创业过程中发生偏移，企业有钱时会大赚一笔后离开，企业没钱时也很可能会弃企业而去。而孙悟空就不会这样，他是一个很理想的创业成员。

俞敏洪列举了他的理由：他（孙悟空）的优点很明显：第一，有信念，知道取经就是使命，不管受到多少委屈都要坚持下去；第二，有忠诚，不管唐僧怎么折磨他都会帮助他一路走下去；第三，有头脑，在许多艰难中会不断想办法解决；第四，有眼光，能看到别人看不到的机会和磨难。

当然，孙悟空也有很多个人的小毛病，会闹情绪，撂担子，所以需要唐僧必要时念念紧箍咒。但是，在取经路上，孙悟空所起到的作用是至关重要的。如果将西天取经比喻成一次创业过程，孙悟空就是其中不可或缺的创业成员。

新东方的创业团队就有些类似于唐僧的取经团队。徐小平曾是俞敏洪在北大时的老师，王强、包凡一同是俞敏洪北京大学西语系80级的同班同学，王强是班长，包凡一是大学时代睡在俞敏洪上铺的兄弟。这些人个个都是能人、牛人。所以，新东方最初的创业成员，个个都是“孙悟空”，每个人都很有才华，而个性却都很独立，俞敏洪曾坦承：论学问，王强出身书香门第，家里藏书超过5万册；论思想，包凡一擅长冷笑话；论特长，徐小平梦想用他沙哑的嗓音做校园民谣，他们都比我厉害。

俞敏洪敢于选择这帮牛人作为创业伙伴，并且真的在一起做成了大事，成就了一个新东方传奇，从这一点来说，他是一个成功的创业团队领导者。他知道新东方人多是性情中人，从来不掩饰自己的情绪，也不愿迎合他人的想法，打交道都是直来直去，有话直说。因此，新东方形成了一种批判和宽容相结合的文化氛围，批判使新东方人敢于互相指责，纠正错误；宽容使新东方人在批判之后能够互相谅解，互相合作。这就是新东方人的特点：大家互相之间不记仇，不记恨，只计较到底谁对谁错谁公正。

这种源自北大精神的自由文化，是俞敏洪敢用“孙悟空”，而且是多个“孙悟空”的前提条件，这是新东方成功的关键因素之一。而另一个关键因素就是俞敏洪本人所具备的包容性，帮助他带领着一帮比他厉害的“牛人”，不仅将新东方从小做大，还完成了让局外人都为之捏了一把汗的股权改制。最令人意料不到的是，俞敏洪居然还将新东方带到了美国的资本市场，成为中国第一个在海外成功上市的民营教育机构。这一份成绩虽然还不能定义为最终的胜利，但是仍然有着非同寻常的意义，它告诉了人们，对于中国教育来说，一切价值正有待重估。

三、团结就是力量，化内耗为合力

德国哲学家叔本华曾说过：“单个的人是软弱无力的，就像漂流的鲁滨逊一样，只有同别人在一起，他才能完成许多事业。”协作精神在企业意志中更是被放大了无数倍。在现代企业中，继续发扬协作精神，让它得以在工作的各个方面产生成效，协同还能带来创新，保持企业持续增长。

协同作战，团结一致更加重要

协同技术并不新鲜，在抗日战争中的游击中发挥得淋漓尽致。协同技术的两大特征是接触和认知。接触指找到恰当人选并实现有效协同的能力，无论对方身处什么位置（包括地理位置和组织位置）。而认知则指与协同伙伴保持持续信息流的能力。这两个新的特征，在现在的技术支持下，已经得到了部分实现。比如维基百科，完全由自愿者贡献，一个人，无论他身处世界哪个角落，都可以同成百上千的其他人一起协同创造内容。如果从维基百科的角度看，自愿者也是他们的消费者。所以由消费者与企业协同一起创新也是完全能够实现的。

在企业内部，IT技术的发展已经能够让大多数企业通过电子流进行沟通，协同的土壤也已孕育成熟。未来协同还能“笼络”外部人员的创新。技术与商业模式的结合，才是企业成功的原动力。

2008年动画大片《功夫熊猫》创造了全球6.3亿美元的票房收入，

这部完全由电脑制作成的动画影片，制作成本才1.5亿美元。400多名制作人员，来自40多个国家，但是他们通过IT设备所搭建的协同工作平台，圆满地完成了影片的制作。正是应了中国那句古话：“团结就是力量。”

（一）问题

2001年5月28日新版发行的《京华时报》，至今已经有7年多时间了。董晓光，《京华时报》发行中心主任助理，2003年加盟京华报社。由于《京华时报》发行人员是戴着顶蓝色小帽穿梭在京城的大街小巷里，所以人们亲切地称他们是“小蓝帽”。董晓光在这里工作了5年多，他见证着《京华时报》的发行部门是如何利用IT系统来改善经营管理的。

2001年，《京华时报》刚创刊时，采购了国内一套适用于出版行业的信息系统，采编、广告、发行等部门都在这套系统中，通过协同电子流一起工作。在刚起步的几年里，对这套系统大家感觉都挺好的，对企业的发展利大于弊。慢慢地，特别是2005年开始，《京华时报》进入了高速发展期，读者数量增长迅猛。发行中心在这段时间内明显发现，该套信息系统严重阻碍了发行中心的工作效率。比如，有读者家住海淀，搬家去了朝阳，可每天必看的《京华时报》无法伴随着他一起“搬”到朝阳来，仍然往他原来海淀的住家送。等他提出申请地址修改，发行中心的工作人员就得先把他在海淀的订单转出来，并通知海淀服务站的同事们。然后，在这套系统上，将他的资料加入朝阳的服务站系统里，再通知朝阳服务站的工作人员，对客户的更新消息进行确认。如此一来，就这样一个简单的业务功能，在这套系统中无法完全实现，反倒添了不少的麻烦，给发行工作带来了很大的不便。

而且由于信息系统所带来的阻碍，不仅仅是正常的业务功能无法协同实现，更加严重的是，在这个发行的平台上无法开展更多的新业务。《京华时报》发行中心除了递送《京华时报》外，还能送矿泉水、食品、电子产品等，相比报纸的投送，这些产品更新换代快，而且力度颇大的促销活动时常进行。在当时旧有的平台上，这套系统就显得捉襟见肘了，大多数新业务的功能都无法满足需求。为此，一些新的业务拓展计划一拖再拖。

成立于1989年的新奥集团，是一家以清洁能源开发与应用为主的综合性企业集团。他们已初步构建了涵盖煤基清洁能源、太阳能、生物质能的生产、转化、储运和应用的清洁能源产业链。目前，拥有员工两万多人，总资产超过200亿元人民币。处在上升阶段的新奥集团，在2004年也不可避免地遭遇了发展的瓶颈：业务扩张和市场竞争愈加激烈，企业内部环境也面临着新的挑战——企业自身制度、流程、管理等环节无法跟上企业的高速发展、员工积极性难调动等问题逐渐凸现。如何处理好这些问题成为决定新奥能否大步向前的关键点。

（二）解决

2005年，诸如上述的问题在《京华时报》内部是相当之多，因此在2006年伊始，《京华时报》发行中心便痛下决心，一定要使这些问题得到妥善解决，而不再是让业务功能屈从于信息系统的功能限制。在2006年、2007年两年，由董晓光主管的发行中心IT系统改造小组成立了，针对旧有系统进行二次“贴心”开发，要让信息系统来适应业务发展。数据库里的信息进行账户清理，错了的改，该转单的转，该停的单子就停。经过了一年多的改造后，在5名技术人员的努力下，这套系统在2007年重新投入运行，不仅原有的功能得到了实现，还增加了很多人事管理等方面的接口，并把以前单个功能子系统的模块都整合到这同一个平台上。

2008年6月10日，京华网与《京华时报》发行中心共建了一个网络购物平台。消费者只要是翻开京华亿家超市的宣传册，找到所需的商品，轻敲几下键盘，京华亿家超市的小蓝帽就会在指定的时间内，将所选购的商品送到客户手中。这样的一项新业务的开展，依靠原来的旧平台是无法实现的。

2008年，《京华时报》创造了全国单报广告量排名第二的成绩。据新闻出版总署的统计数据，其单期报纸发行量已达70万份。《京华时报》发行中心人员也达到了1000人以上，遍布在北京共有70个小蓝帽的服务站。据董晓光介绍，目前每个服务站每天需要的报刊数量都是通过这一协同平台向中心申请的，不用再像以前，每天都得发传真来申请第二天的报纸数量。另外，在这个平台上还有一些更人性化的功能，比如有服务站的同事需要到中心来办事，他只需要事先在这个平台上登记一下到访的日期、时间、所办事由、需要见到哪些同事等，系统就会给他一个绿色通道，等他到达中心的时候，基本上大家都会在办公室等待他。如果实在没空，也会有相应的同事帮他办好，只需要跑一趟就可以了，工作效率得到了很大的提升。

而在新奥集团内部，IT共享服务中心副总经理肖鹏表示，2004年开始，他们也在考虑构建统一的协同平台。比如当时在邮件产品的选型阶段，就明确要选择一个企业级协作平台而不仅仅是一个邮件系统。因此对该产品在纵向上要求能和即时通讯系统、工作流系统、知识管理、E-Learning、ERP、企业门户整合，在横向上要能和当今主流的VoIP电话系统、传真系统、视频会议系统、短信平台整合。另外还需要具备架构整体扩展性强、产品稳定性高、平台软件技术成熟、易于开发，并拥有大量大型企业成熟应用的特点。最后他们选择了IBM Lotus Domino平台。当时也明确，以后新奥整体协作平台的任何一个模块必须是能和Domino高度整合的。

随后，他们又上线了Sametime和基于Avaya解决方案的全国集中的多媒体呼叫中心。它能集VoIP电话系统、即时通讯系统、基于IP的传真系统、Web浏览以及短信等方式于一身。另外，能和Domino、Sametime高度整合的视频会议系统也已经完成了规划，即将上线。

（三）价值

在《京华时报》的协同平台上，发行中心的工作人员很早就发现，如果没有这个平台，对于服务站的监管会出现很多真空的部分。比如，规定每天早上报纸要在9点之前按时送到客户手中，就决定了报纸至少要在凌晨5点30分按时到达到服务站。现在只要报纸送达到各个区的服务站，内勤人员就会在系统上标注报纸到达的时间。这样一来，发行中心的管理人员，每天在早晨9点就会得到关于报纸到达服务站时间的报表统计。一来加强了管理，二来可以有效消除延时送达的隐患。

IT技术和网络技术的不断发展，正在赋予消费者前所未有的话语权，去评价、影响和决定企业提供的产品和服务。而这些都成为了改变今天商业环境最强有力的推动因素之一。企业都在想方设法改善产品和服务，以期让消费者更加满意。为了达到这一目标，企业内部的流程管理、知识管理的需求，都在呼唤系统平台的功能越来越强大，事无巨细都能在掌控之中。另一方面，由于协同带来的不同团队员工的交流日益加深，也促使很多创新的产生。有关专业人士曾说过："创新网络是企业通往创新的道路，而协同是创新的关键促进因素。创新网络需要协同。"

（四）趋势

而在未来，协同的方式除了在企业内部，还能延伸到企业外部。现在在高技术、消费品和汽车部门，企业一般都会将消费者、供应商、经销商等融入到新产品的创造中。企业外部人士为产品开发提供参考意见，而由企业控制这个创新过程。现在的技术允许企业将实际的控制权委托给企业外的人，这就是协同创新。大体上也就是将创新外包给在网络中的企业合作方，将创新活动在价值链中加以分配，以降低成本，并且注意规避整体控制的"瓶颈"，从而加快新产品进入市场的速度。

企业内部的团结一致是整个企业生存和发展的基础。只有企业内部团结，才能够取得员工和企业双赢的局面。在经济发展十分迅速的今天，市场上的产品极大地丰富，消费者获得了极大的选择空间。在大部分行业里，买方市场已经形成。在这种经济条件下，一个企业要想生存，就要形成自己的竞争优势。而在产品和技术越来越同质化的条件下，企业的竞争就体现在了人才的竞争上。企业内部员工的创造力和知识技能越来越成为企业最重要的财富。企业要想在市场中更好的立足，就要注重在企业内部员工中建立起团结一致的良好关系，从而为企业的生存赢得必需的条件。

四、求于势不责于人，管理者要做伯乐

李嘉诚说："成功的管理者都应是伯乐，伯乐的责任在甄选、延揽比他更聪明的人才，但绝对不能挑选名气大且自我标榜的企业明星。高效运作的企业无法容纳滥竽充数、唯唯诺诺、灰心丧气的员工，同样也不欢迎以自我表演为一切出发点的'企业大将'。"

伯乐巴菲特

巴菲特写道："伯克希尔的总裁们是管理艺术的天才，而且他们像经营自己的产业一样用心经营伯克希尔。我的工作是别挡着他们的路，别妨碍他们的工作，然后就等着去分配他们所挣回来的收入。这是一件很愉快的事。

今年七十多岁的巴菲特，深奥冷峻的智慧与乡巴佬的幽默完美组合，没有忘了先自豪一把："教小狗学会老狗的本领不是一件很容易的事。"

在管理团队年轻化的浪潮席卷全球的时候，巴菲特凭借什么认为"教小狗学会老狗的本领不是一件容易的事"？

凭经营管理这个行当的独特性。无论是什么行业的经营管理，说到底都是琢磨人。左右大局的，不是什么管理技巧，而是一种价值判断，一种人们内心是与非的取舍和因与果的逻辑。

价值判断大多不是外力灌输的，而必须是感同身受的东西。许多事情，经历不到，就体会不到。巴菲特很自豪，他领导的团队已经有

6个总裁超过75岁，再过4年，至少增加到8个。他确信，“老狗”比“小狗”有更多智慧的力量。

刘邦的智慧

2200多年前，中国秦末刘邦、项羽起伏的演义，可谓典范。项羽因战起家，异常骁勇，却不善战。刘邦上马不能征战，下马不能抚民，却最终取天下，皆因其有独门法宝。

刘邦最为清楚：“夫运筹帷幄之中，决胜于千里之外，吾不如子房；镇国家，抚百姓，给馈饷，吾不如萧何；率百万之军，战必胜，攻必取，吾不如韩信。此三杰，皆人杰也，能用之，皆吾所以取天下也。项羽有一范曾而不能用，此其所以为我擒也。”

项羽所能驾驭的，也就是一己的勇猛，不善于充分调动广泛的资源为我所用。刘邦清醒，知道自己之所短，他人之所长，故能善于充分调动所有资源为己所用，于是建立千秋帝业。此正是善战者之所为，也是“老狗”老到之所在。

兵圣孙子说：“故善战者，求之于势，不责于人，故能择人而任势。”

战争中“情势”瞬息万变，谁能善于制造情势、把握情势、驾驭情势，谁就能统领“胜势”。只有这样，才能“治众如治寡”，才会“无穷如天地，不竭如江海”。

择人任势

择人任势，并不是简单的放手不管。如果为了用人甩手不管，对企业运作有了隔膜，那么，他在企业中是否还有存在的价值就会被提出来了。

无论以前有过什么样的贡献，无论现在发挥作用的人是经过他怎样辛苦调教出来的，只要他不能继续提供企业运作的亮点，他就要被取代了。

因为那是个提供亮点的位置。有“高明者”深悟此道，于是，或者从来不明确表态，遇事首先设计好自己的退路；或者尽量垄断情报，以防别人有比自己更有效的判断；或者看到某个同事或属下有激情有能力，就想方设法制造一些麻烦；或者是有一种瞒天过海的本领，总能把出色的工作扯到自己身上，等等。这样的运营，可能企业中会越来越离不开他，但是，毫无疑问，这样的企业是没有出路的。

经营大师则熟谙“择人任势”之道。巴菲特和韦尔奇等大师，善于选择恰当的人上场挥棒，而同时其敏锐的神经，经由专一的“深潜”和广博的视野，更能把握企业运作的情势，把棒球交给商界最优秀的棒球手，因而就更能成为企业卓越运营所必需。

择人任势，是一种独特的感觉，一种内在的评价，而不是一种理论，更不是一套体系。如果硬要建立体系，就本末倒置了。

择人任势，不靠思辩去阐释，而只能在实践中去体悟。实践当实事求是，千万不能心存侥幸，为了讨好权威或保全面子而抹杀真实。商战需要事实的肯定，而不需要敷衍其事。

事实并不就是被动的，而是参与者的一种交互关系，这种交互关系是可以塑造、驾驭的。有的人有治乱的本领，有的人有守成的专长，有的人有大刀阔斧的魄力，有的人有润物细无声的功力。

什么样的人，在什么样的时点，适应于哪一个岗位，都需要合于对势的判断。

企业的岗位应该常新。一个有活力的企业，任职一定是能上能下的。一些重要的位置不能只有在现任犯了不可饶恕的错误时，才能换人。

而是要在当局者不能驾驭企业的势向着积极方向发展时，就应该果断换人。岗位的合理流动，有助于保持思维的清新与鲜活。

思维的清新与鲜活，需要沟通通道畅通。凡能提供有价值情报的通道就是好通道。企业可以有正式组织和非正式组织两类通道，在不同类型的通道上说话的方式可以有变化，但判断的价值标准却不能变异。

在以客户为本的时代，企业急需建立以客户为本的工作程序和人人参与的管理平台。谁能接近客户发现问题，谁就是企业中责任的发起者，而不是一味的从上到下。责任发起者的转换，标志着企业受统一的价值观的左右，而不再听凭于脱离现实的长官意志。

企业要营造“无穷如天地，不竭如江海”的情势，必须要有整体的目标导向，还要明确一系列行为的因果关系。这也就是要建立左右上下行为选择的企业价值之榜。

企业的价值之榜，不能只停留在精神层面，在物质层面必须有具体的落实。不如此，任何企业文化建设都是徒劳的。有多少人，就有多少种择人任势。择人任势只能够靠实践去丰富。

诚信聚才

得人才者兴，失人才者亡，这是企业的生存法则。人的强大不仅仅在于提升自身的智慧，还在于凝练他人的智慧为我所用。善集众人之智慧于一身者，方能成大事、做巨人。

李嘉诚在商界以坦诚和守信著称。李嘉诚说：“以诚待人是我生活上坚守不移的原则。”正是李嘉诚那广为传颂的诚信美德，使得众多出类拔萃之才纷纷因他而来、由他而聚，心悦诚服地为李家商业王国奉献自己的聪明才智。

李嘉诚谋事决策的成功，得益于多位顶尖智囊、高参、谋士的长期忠贞不渝地合作。杜辉廉是一位精通证券业务的专家，被业界称为“李嘉诚的股票经纪”，倍受李嘉诚青睐和赏识。李嘉诚多次请其出任董事均被谢绝，他是李嘉诚众多“客卿”中唯一不支干薪的人。但杜辉廉决不因为未支干薪而拒绝参与长实系股权结构、股市集资、股票投资的决策。我们无法知道杜辉廉这样做是怎样想的，但我们起码可以从这样的现象中，能够感觉到李嘉诚人格魅力在其中产生的巨大力量。为了回报杜辉廉的效力之恩，当杜辉廉与梁伯韬合伙创办百富勤融资公司时，李嘉诚发动连同自己在内的18路商界巨头参股，为其助威。在百富集团成为商界小巨人后，李嘉诚等又主动摊薄所持的股份，好让杜梁二人的持股量达到绝对的“安全”线。李嘉诚的投桃报李，知恩图报，善结人缘，更使得杜辉廉极力回报李嘉诚，甘愿为李嘉诚服务，心悦诚服地充当李嘉诚的“客卿”和“幕僚”。杜辉廉身兼两家上市公司主席的情况下，仍忠诚不渝地充当李嘉诚的股市高参。

有本书中这样写道：“正因为李嘉诚善于把一批确有真才实学的智囊人物团结在自己的周围”，“‘博采天下之所长，为己所用’，从而保证了他每在关键时刻能出奇制胜，化险为夷。”

李嘉诚说：“决定大事的时候，我就算100%的清楚，也一样要召集一些人，汇合各人的资讯一齐研究。这样，当我得到他们的意见后，看错的机会就微乎其微。”

在李嘉诚的用人观中，我们可以很清晰地看出他的“伯乐”眼光：在企业发展的不同阶段，任用不同类型的人才。

第一，在创业伊始，由于企业面临各种不可预知的风险，从而面临出师未捷的可能性，此时李嘉诚在选拔人才方面着重于忠心。因为只有忠心可靠的员工才能够帮助自己在行业内站稳脚跟，完成创业阶段的资本积累。

第二，企业走上正轨、快速发展的阶段，李嘉诚开始转换人才选拔的着眼点。他重点招揽适合企业的管理型人才，从而弥补原先老部下忠心有余而专业知识不足的状况，从而促使企业可以更上一层楼。

第三，当开始并购外资企业的时候，由于文化差异等原因，必然会引起新并购企业在管理上的混乱。此时的李嘉诚适时调整人才招聘计划，采用“外国人管理外国企业”的策略，这样一来，不仅减少了人力资本的开支，而且也利于对外资企业的管理。

领导者要做伯乐

古人云：“智莫大乎知人。”人才是事业成功最重要的资本和基础。深受中华传统文化熏陶的李嘉诚深谙此道。

身为怡和贸易代表的英国人马世民，到长实公司推销冷气机。虽然李嘉诚一般不过问此类业务，但马世民却一再坚持要求面见李嘉诚。他的倔强吸引了李嘉诚，这次偶然的接触，彼此间留下了相见恨晚的深刻印象。后来时机成熟，李嘉诚不惜重金收购了马世民创办的Davenham工程顾问公司，延揽了马世民这位不可多得的人才。

古有“千里马常有而伯乐不常有”的感叹，然而，港人却盛赞李嘉诚具有九方皋相马的慧眼。李嘉诚正是因为极为高明地辨识和使用了众多的“千里马”，他指挥的高速前进的商业巨舰，才驰骋商场几十年而无坚不摧、无往不胜。

李嘉诚为邀得袁天凡的加盟，历尽“峰回路转”到“柳暗花明”的曲折历程。袁天凡的才华在香港金融界路人皆知。尽管两人过往甚密，但袁天凡却多次谢绝了李嘉诚邀其加入长实的好意。李嘉诚并不言弃，仍一如既往地支持袁天凡：荣智健联手李嘉诚等香港富豪收购恒昌行，李嘉诚游说袁天凡出任恒昌行行政总裁一职；袁天凡与他人合伙创办天丰投资公司，李嘉诚主动认购了天丰公司9.6%的股份。李嘉诚多年来的真诚相待，终于打动了孤傲不羁而才华出众的袁天凡，他应邀出任盈科亚洲拓展公司副总经理。在袁天凡的鼎力协助下，李泽楷孕育出了叫响香港的腾飞“神话”。

五、将能不御，企业家分身有术

孙子指出了国君的三患：縻军、惑军、疑军。其实总结起来不过一点，国君不必事必躬亲，交给你认为可以信任的将领即可。此所谓“将能而君不御者胜”也。一个企业家治理公司，跟治理国家多少有些相似，这个道理同样适用于领导者，老板不必大包大揽，所有问题都以一己之力扛之，企业家要有分身术，交给可以信任的下属即可。

杰克•韦尔奇的用人之道

韦尔奇说：“CEO的首要任务是一手抓种子，一手拿化肥和水，让种子成长。让你的公司发展，让你身边的人不断发展和创新，而不是控制他们。”

美国通用电气公司原CEO杰克·韦尔奇被誉为“全球第一CEO”、“21世纪最受尊敬的CEO”、“美国当代最伟大的企业家”。

韦尔奇的成功很大程度上取决于他的唯才是举、勤教严绳、刚柔并济的用人之道。韦尔奇说：“我最大的成就就是发现一大批人才；他们比大多数的首席执行官都要优秀。这些一流的人物在通用电气如鱼得水。”

韦尔奇所创立的神奇的人力资源管理体系，使得通用电器公司成为一个名副其实的“造人工厂”，成为全球企业界的藏龙卧虎、人文荟萃之地。

（一）珍惜人才

韦尔奇对通用电气公司和员工有无比深刻的了解，通用电气有十分广泛的业务，内容涉及金融资本、照明灯泡、机车、航空发动机、医疗器械、电视网NBC等等，他怎样领导强大的通用电气的？我们且听他是怎么说的：“我对于怎样制作一台精彩的电视节目一点儿概念也没有……但是我很清楚谁是NBC的老板。这才是至关重要的。我的工作是挑选最称职的人员并为他们提供资金。这是游戏的规则。”他把大部分时间用在人事上。杰克用人的条件是：关键在于你能干什么。通用电气的对人才的选拔不注重学历和资历，看中的是实力。例如在决定一个有7800名财务人员要向其汇报工作的关键人选时，韦尔奇跳过其他几位候选人而选38岁的的达莫曼，达莫曼当时的职务比该职位要低两个级别。他中选的原因在于他处理其他棘手任务的能力给公司领导印象很深刻。

韦尔奇善于发现大批人才，1996年，公司的交通业务部门为了将一流的人才招到其在宾西法尼亚州的总部，聘用了一些下级军官。他们发现这批军官的能力很强。通用电器公司的其他部门纷纷仿效，当公司聘用下级军官到80名时，韦尔奇将他们所有的人请到总部，跟他们聊了一整天。受聘者的业绩和素质给他留下很好的印象，于是他下令每年招聘200名下级军官。不到三年的时间，通用电器公司招聘了711名下级军官，其中不少人已得到显著的提升。

韦尔奇对人的表现能力的关注在公司每年4月的开始一直到5月的会议上得到最充分的表现。公司的最高领导层前往通用电气公司的12个业务部门现场评审公司的3000名高级经理的工作进展，对最高层的500名主管则进行更严格的审查。会议评审通常在早上8点开始，晚上10点结束。业务部的首席执行官及高级人力资源部的经理参加评审。这种紧张的评审逼迫着这些部门的经营者识别出未来的领导者，制定出所有关键职位的继任计划，并决定哪些有潜质的经理送到通用电器公司的培训中心接受领导才能的培训。一份通用电气公司的人事档案绝不是随便收集的一些潦草的笔记。它包括通用电气公司主管的实际经营结果和工作目标的比较，以及为了报酬审查及年度继任与发展评估所做的鉴定。

这份报告最迷人的地方在于成就分析，一件由两名人力资源专家花费一整个礼拜时间准备，长达10至15页的文件。内容包括详细而彻底地评定一个主管的优点和缺点，以及其他有关的资料，从财务绩效、心理状态到健康状况都包括在内。这些报告建议进一步的发展方向：譬如建议任职海外、到研究所进修，或是像准时出席会议、尊重部属等基本事项。成就分析是在70年代为了评估主管们所设计的一种工具。到了韦尔奇手里，它已成为一种帮助主管们成长的一种工具，是通用电气用来发展主管所使用的密集反馈和教导过程的一部分。

在会议的进行阶段，韦尔奇会静心坐下来审读一本汇集了每一名雇员的的评介简册，包括了对他们的优缺点、发展需求、长短期目标以及他们上级的分析。同时，雇员的相片随附全部文件之后备查。接着韦尔奇会开诚布公地对那些即将提交的晋升、任务和计划提出挑战。由于韦尔奇每年平均会面或接触上千名雇员，他能对形形色色的经理做出睿智的评价。对于选人，韦尔奇有他深刻的见解，他说："我们今天在通用寻找的是这样的领导者：不论在那一个级别上，他们能够激发活力、催人奋进同时有控制大局的能力，而不是那种使人懈怠、失望，只会控制人的管理者。"

韦尔奇一直都在寻找最好的员工，他说："我想提醒你们我观念中的领导艺术是什么，它只是跟人有关，只是要得到最优秀的员工。没有最好的运动员，你就不会有最好的体操队、排球队或橄榄球队。对于企业队伍也是如此。"通用电气公司拥有世界一流员工，所以它也是世界最有竞争力的公司。

（二）勤于教导

自韦尔奇任通用电气公司总裁以来，对公司进行大刀阔斧的改革，在改革的过程中通用电气几乎对所有的部门削减成本，却对它的培训中心——克罗顿投资4500万美元，用以兴建一栋建筑物和改善原有的教学设备，面对经济的全球化、信息技术的发展深刻影响传统产业结构调整。为了使通用电气更好的适应时代的发展，韦尔奇的目标是把GE建设成为非正式的学习组织。而克罗顿是重要的学习、沟通、交流基地。韦尔奇每月都不惜余力到克罗顿给公司领导层上课、说服、辩论。克罗顿的课程直接与公司的战略重点相联系，经理人员到那里寻求解决办公室里困扰他们的钥匙。杰克将克罗顿视为创新管理的实验室以及激发新主意的好地方。这个培训中心独到之处在于：

1．为通用电气的高层主管和接受训练的基层主管之间提供一个开放的沟通渠道；

2．激发出史无前例的坦诚，通过毫无限制的辩论刺激创意，从而消除各个机构的文化传统支持的任何官僚主义的残余；

3．向通用电器公司的主管灌输通用电器公司的新价值观；

4．每个在此进修的主管把它作为传播公司经营概念到整个组织的“修道院”。

通用电气的教育立足于解决实际的问题，而不是空洞的理论。

在克罗顿培训中心，非常鼓励能增进总裁与高级人员互动的无拘无束的讨论方式。其目的在于灌输及培养韦尔奇最重视的价值观念：自信、坦率，以及面对现实的勇气，哪怕是身处坚困的逆境。例如在培训的基层管理人员和大学生曾经讨论过这样的议题：杰克·韦尔奇是通用电气公司有史以来最伟大的总裁。

通用电气的经营策略和目标简单明确，对达不到要求的部属，韦尔奇会毫不犹豫的惩罚。1981年他上任后就要求通用电气所有的事业部在自己的领域数一数二，否则将面临被撤掉或出售。为此，GE总共撤走从煤矿到电熨斗等117个企业的资金。公司在1981年裁员了9%后，1983年和1984年，通用电气公司又裁掉3.7万人。韦尔奇是不会优柔寡断的，如在培训中心的提问会上，一位业绩不佳的部门经理忧郁地问其部门前途，韦尔奇说：“你们部门已在出售之列，不巧今天上午刚谈好这笔出售生意。“正如韦尔奇的一位合伙人所说的：“韦尔奇会说是，不过他从不说也许。”

韦尔奇十分重视通用电气公司伦理道德的教育，从1985年起，公司要求主管必须对“不当领导及缺乏勤勉”而使部属从事不当行为负起责任。遵守伦理道德也成为工作职责和绩效评估的一部分。韦尔奇对通用电气的主管说：“在有关清白和公司政策方面，信息非常明确。你们必须对自己组织的行为负责。擒贼擒首，公司对于任何人有任何违法行为，决不宽待。”若部门的业绩欠佳，韦尔奇还会给机会，但员工违反了职业原则，韦尔奇会立即开除。如以色列空军将领多藤与通用航空发动机企业的一名员工勾结，将超过3000万美元的美国政府基金转存入多藤的帐户，多藤被以色列判刑，被起诉的通用电气公司员工则被开除。通用电气充分与联邦调查员合作，最后还签付了6900万美元的和解金。

（三）大胆放权

成功的放权，不是放羊——绝不是一个简单的推卸或转移责任的过程，不是将你不知道该如何做的事情连同责任和风险简单地推给你的部下。

韦尔奇在管理上会给部属很大的自主空间，前提是要干得好。正如一位部门经理说的：“如果你干得好，你会比大多数上市公司的经理有更大的自由。但是当一个部门表现欠佳时，控制权会被牢牢地收回。”

韦尔奇下面有20名左右的负责人，每一次加薪或减薪，每一份奖金，每一次优先认股权的授予总伴随着充满期望和坦诚的交谈。通用电气公司高级副总裁盖利说：“韦尔奇总能刚柔并济，当他交给你奖金或优先认股权时，他同时也会让你知道他来年想要的东西。”

通用电气的发展，韦尔奇很高兴让员工得到实惠，1998年通用电气确定薪水的增幅4%的目标，但是在无职位晋升的情况下，基本薪水一年中增加25%，现金奖金在一年中的增幅可在基本薪水的70%到200%不等。他扩大认股权的范围，在以前只有高级管理人员有资格得到，现在约有27000雇员持有认股权。仅1998年第一季度约3900名雇员获得认股权的净收益达52亿美元，审阅奖金名单令韦尔奇高兴不已，他说：“这意味着每人都得到奖励，而不是我们几个人。他们有了孩子的学费，或买下第二个房子。这才是真正的乐趣所在。”当然韦尔奇依旧要求领导者发给手下的奖励应体现差别，不搞平均主义。

韦尔奇用人的方法还有非正式价值的一面，例如他会经常写便笺给不同层面的GE员工，当韦尔奇提起圆珠笔不一会儿就完成一便笺，接着迅速传真给接收人，第二天便把原件寄到，便笺无一不语气亲切而又发自内心，蕴藏了无比的影响力。写这些便笺的目的就是为了鼓励、激发和要求行动。如钻石工业部的负责人伍德伯恩因为不想影响他女儿的学业而婉拒一项工作升迁，韦尔奇便给他写了一张这样的便笺：“比尔，我们喜欢你有很多原因——其中一个原因就在于你是一个非常特别的人。今天早上你又一次证明了这一点。这样做于你本人和家人都有好处。将钻石生意经营成一项伟大的业务，坚持你的优先考虑。”对于伍德伯恩来说，这封便笺是一个非常重要的表示，他说：“这表明韦尔奇看中我并非因为我是一名经理，而是作为一个人。这很重要。”有时部属有意外之喜，把手伸到钱袋碰到奖金。每星期他会不事先通知造访某些下属办公室或工厂，临时安排与下层经理人员共进午餐等等。

韦尔奇说：“我们应该创造一种气氛，任何人都可以在遇到问题时候直接向能够解决问题的人直接对话。”他采取许多措施让工人参与生产管理，提高效率。使工人是企业经营的直接参与者，使他们有高度的归属感和责任感。更快、更有生产效率和更有竞争力的途径是释放每个工人的能量、智慧和自信。

韦尔奇还实施了“倾力解决”计划，集中公司内外、上下各方面智慧去培植、收集并实施好点子的经营策略。这个计划使雇员拥有一定的权利，但又不放弃领导决策权，他说：“我们想让每一个人都有发言权，我们需要每一个人的想法。现在，不再是某个人驾驶着船引导前进，而是某个人与大家团结在一起，倾力驾驶这艘船。”他认为一个领导者应该做的最重要的事情是去寻找、珍惜和培育每一个人的呼声和尊严，这才是最终的关键因素。

郭台铭用人之道

“我不懂模具，但是我会用人、会用专家，我们公司的机械博士超过几十位。”这是鸿海集团董事长郭台铭的自谦之词，尽管鸿海是以模具起家，但郭台铭很清楚，善用人才，才是奠定了鸿海30年来持续成长的基础。

台湾首富郭台铭旗下的鸿海集团，十年前营业额只有100亿新台币，而2006年的营业额达到1兆台币，十年成长100倍，郭台铭创造的鸿海经营传奇的背后，究竟靠的是什么？

（一）敢用——把人才变将才

以2006年鸿海集团旗下最大的一块事业版图“富士康”控股公司为例，总经理戴丰树拥有东京帝国大学博士学位，并且在丰田汽车工作八年，当时有人就怀疑做车子的，能把手机做得好吗？但郭台铭认为，“车子的零件有两千多种，但手机只有两百多种，你说能不能做好？”

果然，从欧洲关键零件到美国设厂，戴丰树一开始就参与手机的全球布局，五年间鸿海创造出来的营收大约是两千亿新台币，也是鸿海2006年成长最快速的部门。

从0到90分很容易，而从90到100分却很难，这是一般外界的看法，但是善用人才，却让鸿海可以从90分继续成长到200分、400分、800分。

“相对于其它IT界领导人培养的是人才，郭台铭培养的是将才。”前戴尔亚太采购总经理方国健一语道破今天鸿海对于人才的重视和使用。郭台铭常挂记的一句话，就是“千军易得，一将难求”，每次有人问起鸿海最大的挑战，郭台铭一定毫不犹豫地回答：“人才。人才的选拔和培育，是一个企业永恒的难题。”

在投资人才方面，郭台铭一向舍得花钱。以最早推动的“凤凰计划”为例，鸿海为了引进光通讯专家，公开在媒体上刊登年薪1000万的广告，外界看见郭台铭寻找人才的大手笔，也看见郭台铭做事的决心。

（二）敢给——经理级年收入300万

郭台铭是个敢给的老板，鸿海集团的薪水加上员工配股，经理级主管的薪水加红利，一年约有近300万元的水平，副总经理级以上的年收入更是逼近千万元，是电子业福利最佳的公司之一。

难怪业界称郭台铭是台湾电子业“最敢给”的老板，但他自己的办公室都相当简朴，郭台铭说：“我没有个人物质享受的兴趣，而为了提升企业的竞争力，在投资设备和人才方面，从不吝于花钱。”只要是世界上最先进的设备、最顶尖的人才，不管开价多少，郭台铭都会想办法购买。

鸿海并购了奇美通讯之后，为了要留住前总经理等研发及营销专才，史无前例地发行了富士康国际控股“折价增资股”，简单地说，就是郭台铭让员工用折价现金增资，成为另一种技术入股的模式，员工拿出现金入股，让员工与公司荣辱与共。

从这个角度来看鸿海每年的尾牙活动，主要就是宣示“老板敢给”的决心，像2005年一个尾牙晚会上就送出包含股票及现金共4000多个奖项，总市值近4亿元。

郭台铭承认鸿海没有品牌，但人才、速度、成本、质量是鸿海品牌四大竞争利器，而其中人才是排第一位。

不过更重要的是，老板敢给，更敢要求员工。

“报告董事长，我出到欧洲的货出了问题，我要亲自去解决。”一名主管向郭台铭紧急通报，而郭台铭一方面点头赞许主管到第一线解决问题的决心，同时也明白告诉他：“机票钱你要自己出。”

这也说明了郭台铭赏罚分明的一面，“我发奖金的时侯，就是我裁人的时侯。”这是郭台铭留下另一句用人的名言，“因为有赏也有罚，总不能等公司开始赔钱的时侯，才开始裁员吧。”

（三）敢花——花钱是为了公司进步

郭台铭从不吝啬把钱花在投资人才和添购先进设备上，他认为唯有长期投资和发展人才，才是台湾全球化布局成功的关键。“所以，外界说花钱是我的一种享受，还不如说花钱是我的一种追求，这就是我的哲学。”

在人才的培育方面，鸿海把眼光放远，在台北、美国、中国大陆都有“世干班”（世界干部训练班），为了将员工培养成国际化的人才，让他们去海外受训，为此花费上千万美元。

虽然外国公司也很敢给，也赏罚分明，但可能连西方管理学家都搞不懂，为什么有一群优秀的人才愿意为鸿海卖命，赚了钱之后还不停歇，让鸿海帝国可以越来越大。

关键在于“以身作则”的力量。郭台铭强调的“以身做则”不是事必躬亲，不是事事要管，而是身先士卒、一马当先。他要求员工不分层级，一起投入研究创新、挑战困难，这点和西方管理学强调的“分工授权”不太相同。

一位拜访过鸿海的人士就分享了他和鸿海干部吃饭时的经验。有一次他到郭台铭常去的餐厅吃饭，郭台铭说要去一下办公室，却让大家从7点多等到9点，这段时间，没有人敢点菜动筷子。而公务缠身来迟的郭台铭，一看大家都没点菜，除了赶紧叫菜，他也会先起头夹菜吃，因为他知道自己一动，饥肠辘辘的大家才会开始吃，而郭台铭看大家开始动筷子，就放下筷子不吃了，和大家谈他的计划。但郭台铭也时时注意什么菜吃完了，叫厨房赶快再上菜，等大家都吃饱了，就会看到郭台铭把每盘剩下的菜，倒在碗里拌一拌，咕噜咕噜吃下去，这名人士说：“郭台铭帮干部张罗饭菜，但自己却吃剩的，干部看在眼里，人心就是这样被买走的。”

更让人惊讶的是，在酒足饭饱之际，大家想着今天终于可以好好休息了，忽然，郭台铭说：“10点半要开会的去准备一下。”一名在鸿海工作20年以上的干部说：“看了老板赚钱之后没有放进自己的口袋，几乎全都投入机器设备，这样的老板值得跟。”

（四）能用——不怕干部比自己强

鸿海公司唯才适用，不会强调谁是博士、谁是名校，在鸿海征才网站上就指出，只要投递履历，就有机会加入鸿海，“鸿海并非外传的非名校不用”。

郭台铭不像广达集团董事长林百里、华硕集团董事长施崇棠都是电机系工程师出身、名校毕业，资深业界人士指出，这样反而更能吸纳各方人才，不会因为工程师过于自信的个性而有所局限。

但这并不是说郭台铭没有自信，反而是面对逆境、困难，练就了郭台铭不达目标绝不放弃的一身霸气。

（五）敢冲——冲关就能获得大报酬

郭台铭在打造鸿海帝国的过程中，遭遇过许多巨大的困难，但他认为在应付这些难关时，如果能有所突破，就能让自己得到了最大的报酬，拥有越来越多的实力。

今年，郭台铭旗下的八个事业体，计划在未来三年各自至少收购六家公司，除了版图的扩张，主要着眼于全球人才的收编。这也意味着未来三年，鸿海集团至少还会有48家公司加入，外界认为，这48家公司将是鸿海再造另一个“兆元奇迹”的关键。

也是为了容纳各路人马，鸿海组建了23个所谓的“技术委员会”，事实上，鸿海很早就有这样的跨部门组织，只是现在层级拉得更高，由郭台铭亲自面试主管，让各种人才能充分发挥和交流。

从20年前的100万新台币到1000亿，鸿海造就了第一批富豪；第1000亿到第5000亿，主要是以富士康为主，造就了第二批富豪；第5000亿到二兆将造就下一批富豪。

第七章　市场奇诡，随机应变，顺势而为

企业最大的安全莫过于让企业顺应规律、顺应社会潮流，即使企业只是一叶扁舟，只要顺流而行也不易被掀翻。反之，哪怕企业是航空母舰，也有翻船的可能。“顺势而为”首先是一种智慧，一种认知水平，而不仅仅是一种商业伦理和道德水平。

创业
游击战

一、因情制敌，因敌制胜

水因地而制流，兵因敌而制胜。故兵无常势，水无常形，能因敌变化而取胜者，谓之神。

诸葛亮因敌制胜大败曹操

建安二十三年（公元218年），刘备领兵十万围汉中，曹操闻报大惊，起兵四十万亲征。定军山一役，蜀将黄忠计斩曹操大将夏侯渊。曹操大怒，亲统大军抵汉水与刘备决战，誓为夏侯渊报仇。蜀军见曹兵势大，退驻汉水之西，两军隔水相拒。诸葛亮故意背水设阵，并设计打败曹操。

曹操深知“诸葛一生惟谨慎”，如果不是胜券在握，是绝不会走“背水布阵”这种险棋的。诸葛亮正是看清了曹操这种心理，偏走此险棋来使他疑惑、胆怯。

用疑是一种心理战术，只有识将性、知将情，用疑才能恰到好处。使用疑兵之计的前提是要了解对手，诸葛亮正是将曹操多疑的性格研究得十分透彻，摸准了他的心理，所以每次用疑都能“对症下药”，立见成效。

做任何事情都要认清形势、分析各种情况。了解了对手的情况，才能把握全局，根据整体和对手的情况来估计形势。要善于借用各种手段各种条件以及途径，来全面了解对手的各种信息。

不了解对手的情况，也就无法制定相应的策略，无法有效地使自己所拥有的各种资源发挥最大的作用。如果诸葛亮没有安排张飞截取曹军的补给，曹操也不会急于和蜀军决战；如果诸葛亮没有安排伏兵劫杀弃关而走的曹军，便无法在实质上打击曹军，以曹操的能力很快就会重整军队，卷土重来。

企业之间的竞争，也是如此。所有的企业都会不遗余力地收集对手的各方面资料，比如员工状况、内部管理、销售手段、市场情况等等，通过了解对手的情况来判断形势，估计己方与对方的实力对比，从而制订策略。只有了解你的对手，才能够心中有底，在竞争中立于不败之地。

因情制敌

张瑞敏说：如果说海尔有什么经验的话，那就是随着外部市场的变化而不断地变。对任何企业而言，动态的环境需要动态地适应，永远不变的东西只有一样：那就是持续不断地变。

在激烈竞争、此消彼长的市场上，企业有效应变的先决条件是“顺详敌之意”，取决于对竞争对手信息的系统掌握与透彻分析。

企业了解竞争对手信息的途径，无非只有二手资料和实地调研两种。二手资料的来源渠道广泛，包括报纸、杂志、电视、广播等传统媒体，各种互联网站，尤其是竞争对手的网站及相关的专业网站。此外，查阅相关的专利记录也是了解竞争对手信息的重要途径，这是一些企业的核心技术之所以不申请专利的原因，理由是：

专利固然可以受到法律的保护，但如果行业内的其他企业在专利的基础上，开发出改型变异产品，就能规避法律的限制。

实地调研的途径也多种多样。由于企业的经销商、供应商、广告代理等机构，可能同时为行业中的多家企业销售产品、供应原材料或零部件、代理广告，因此，处理好与这些机构的关系，并深入与它们展开交流，是企业获取竞争对手信息的重要途径。一些企业致力于购进竞争对手所生产的各种产品，对它们进行深入的解剖、分析。一些服务企业的管理人员经常性地去竞争对手的营业网点进行实地考察、体验。而竞争对手离职的员工显然对他的前任雇主各方面的情况了如指掌，因此，高薪挖人就成为一些企业常用的竞争手段。还有一些企业委托专门的市场调查公司开展系统的调查，以期全方位掌握更多有关竞争对手的信息，做出更为理性的决策。

当然，对于已收集到的有关竞争对手的信息，企业需要有一个去粗取精、去伪存真的过程。管理者需要甄别：哪些信息是核心信息，哪些信息是边缘信息？哪些信息是有关竞争对手情况的真实写照，哪些信息是竞争对手故意放出来的“烟雾弹”？很多决策之所以错误，并非决策过程不严密，决策方法不科学，而是决策的信息本身就存在着问题。

因敌制胜

所谓战略，从本质上讲，是相互博弈的主体重点的、全局性的谋划。而博弈的关键就是“因敌变化”，这是企业战略和有效竞争的精髓。越是在寡头垄断的市场上，就越应该注意这一点。百事可乐公司前CEO威勒·嘉洛维曾经说过：“没有比这更能集中你的精力了，你不断地看到竞争对手想把你从地图上驱逐出局。”事实上，1893年成立的百事可乐公司的成长历史，就是与1886年成立的可口可乐公司100多年相互竞争的历史。

竞争永远不是“独角戏”，企业如果只是站在自己的角度推出一项竞争举措，往往是难以奏效的。在任何一项竞争举措出台之前，企业必须对竞争对手可能的反应做出充分的估计。

比如，降价能促进销售，这是许多企业管理者公认的法则，但在企业决定实施降价行为之前，它至少需要确认两点：其一，需求价格弹性是不是足够大，或者说，消费者对价格是不是足够敏感；其二，在企业降价之后，主要竞争对手是否敢于跟进。如果企业降价的结果引发竞争对手同比例甚至更大幅度的降价，企业降价的结果就会是：不仅没有促进销售，反而成为行业恶性竞争的“导火索”。因此，只有确认主要竞争对手不敢或不能跟风降价之后，企业的降价举措才能取得预期的成效。

可见，“因敌变化”不仅仅针对的是竞争对手已经实施的竞争手段，更高明的企业还懂得在时间上打出提前量，基于对竞争对手未来可能的反应而预先采取可行的应对策略。

二、创造商机，识别商机，抓住商机

对于突然降临的机会，并不是每个企业都能在第一时间判断出来的，而机遇同时又更是考验，没有一套完备的运行体系来支撑突然放大的需求形势，商机也变不成“真金白银”。

卓越抓住商机占领市场

商机总是在不经意间来临，聪明的人长着一双敏锐的耳朵，时刻注意着周围的动静，一旦觉得异常，他们便像警觉的动物一样，竖起耳朵倾听、琢磨，等待合适的机会，以迅雷不及掩耳之似扑向猎物。在那场人人以为是灾难的SARS危机中，卓越像那警觉的动物一样，发现猎物，扑了上去。

2003年3月中旬，广州，SARS已肆意蹂躏了人们许久；北京，人们只是隐约听说有些人在药店抢购板蓝根，许多人还将此事传为笑谈——一场几千里地外流行的肺炎，会影响到我们的生活吗？

3月15日，卓越网广州分公司按计划开始了试运行。4月1日，卓越网开始推出《非典型肺炎不可怕》一书，4月10号，卖出2500本，4月20日，10000本。4月底，卓越网全月营业额1800万，比2002年同期高出900万元。

第一阶段：3月15日—4月9日 朦胧感受商机

卓越网总裁林水星承认，卓越网广州分公司的成立，成为了卓越对“SARS商机”快速反应的一个触角。随着广州分公司对广东形势不断地报告和分析，卓越网北京的高层开始意识到：SARS可能会蔓延到北京，而这一定会对卓越网北京的业务有影响。4月1日，卓越网开始推出《非典型肺炎不可怕》一书，在网上此书的订单一天天多起来了，到4月10号统计，共卖出2500本。

4月9日，每月初的总裁室月经营分析会照例举行，但此次月经营分析会成了“SARS会给卓越网带来什么”的专题研讨会，而在往常，由总裁、副总裁、各事业部总经理与会的总裁室月经营分析会，其主要功能是对上个月的经营情况加以总结。

会上，大家达成了共识，一但SARS疫情在北京有一定程度上的爆发，人们将采取安全措施，一部分人将减少外出机会，在家办公、休闲或娱乐，这次突发事件将给卓越网的业务带来好的影响，卓越网必须有所行动。根据自己能想象得到的范围，卓越网先后做出了一系列决策，在货源组织、专题设计、商品促销、物流配送、售后服务等方面做了精心的准备。

但所有的决策应与疫情发展程度相匹配。疫情将如何发展？采取的决策该用多大的力度去推进和实施？“卓越网也不知道。”林水星总裁实话实说。

第二阶段：4月10日—4月20日 捕捉消费潮流

4月10日到20日的这一个十天里，《非典型肺炎不可怕》一书网上订单达到近8000本。

即便如此，当时卓越网的一些员工还都在羡慕卖口罩的，口罩比书更火。

谁也没想到，4月20日，当卓越网在做例行统计时发现，整个公司4月份截止到20日为止的销售比3月份整个月整整增长了25%。3月份每天的定单量达到4000多单；而4月份达到了每天5000多单。另一方面，从销售部门传来消息，目前越来越多的人开始使用电话订购与短信订购，公司4月份电话订购与短信订购额度比3月份增长40%左右。“从这两个现象中，卓越网高层最终得出结论，非典不仅给口罩带来了机遇，更为卓越网带来了前所未有的机遇”，林水星这样回忆。

第三阶段：4月21日—5月6日 商业机器上满发条

4月21日，卫生部和北京市的两位部级高官被免去党内职务。

同一天，卓越网召集所有中高层管理人员，召开了特别会议。

卓越网意识到，北京的疫情已经相当严重了，绝大多数人在采取更加严密的安全防范措施的同时，还将改变自己的生活方式——大幅度地减少甚至取消商务活动、约会、购物、餐饮、娱乐等所有外出机会和行为，一句话，大部分时间人们将待在家里，被迫在家中消磨时光。

那么，如何消磨时光？卓越网相信相当，一部分人会选择在家里看一些好书、好碟——因为这些文化产品是他们平时特别想享受而又没有大块整时间去享受的。这些产品是多年来网上购物的主力军，而现在网上购物因为其安全、卫生、方便、快捷的特点必然会成为大家的首选。会上，大家进一步分析形势、讨论对策，并改进、强化了4月9日的措施。

这样，当大多数北京人面对SARS疫情突然强袭而手足无措、惊恐万分时，卓越网已经上足了发条，这台“商业机器”的各个部分、各个零件开始了它们的超常规运转之旅。

——网上事业部：按照精选出的产品，设计出特殊时期最具有吸引力的、个性化的网页。一位在卓越网订购了200多元商品的女士说，当她像从前一样登录卓越网，映入眼帘的是网站首页的那句广告语：“无论何时，家里才是我们最安全的地方。”这句话一下子就抓住了她的心，久违的温馨和一种莫名的感动充满了心胸。除此以外，卓越网为客户准备了最“贴心”的礼物：全场购物满128元赠口罩，无论金额大小均赠手套。“礼轻情义重”，这是在“非典时期”卓越网对顾客进行的最恰当、最有分量、也是最合算的感情投资。2400只口罩在4月23日一天内赠送一空。

——网下事业部：根据市场调研和科学判断，即时遴选出最适合的精品图书和音像产品，供给网上事业部。由于不能在长假时出门，在长期幽闭的环境下，人们的精神会过度紧张和烦躁，医学专家在媒体上一再强调：精神过度紧张会导致免疫力下降，不利于防非典，大家需要放松自己的心情。鉴于此，除了与预防非典有关的商品之外，一些娱乐性强的商品也成为卓越网重点采购和向用户推荐的对象，其中包括张国荣的经典老片《阿飞正传》、《霸王别姬》，周润发的好莱坞最新巨作《防弹武僧》，令人怀念的83版《射雕英雄传》等畅销精品。

——音像制作部：按照精选出的产品目录，制作那些需要自己生产的产品。

——采购事业部：根据产品目录，采购那些需要对外采购的产品。采购部需要尽早与供应商联系，多做工作，问清产品的下线时间，无论时间早晚，也无论刮风下雨，去厂家等着尽早把货拉回来，因为需要这些产品的绝对不止卓越一家，如果不盯着自己要的货，及时把自己要的货放到自己的库房里，就有可能出现"交了钱而却不能按时取货"的结局。"那些日子真有点像抢货一样。如果我们不这样，货就可能被别人抢先拉走。"林水星总裁笑言。

——物流配送部：每个人都是超负荷地加班加点，力争在顾客要求的时间内将货送到顾客手中。由于认识到"安全"是现时人们最关心的因素，因此卓越网率先实践了"无接触配送服务"的理念。公司内部明文规定：库房要每天两次消毒处理；配送人员送货必须配戴口罩及手套，而且要每天换洗消毒；更重要的是，配送人员在送货过程中不得与用户接触。从4月21日开始，卓越网更要求所有的、经过健康检查的速递员在戴口罩、带手套的基础上，还要使用托盘——客户需要的货物通过托盘送出去、客户交付的现金又通过托盘收回来——从而真正实现速递员与客户彻底的无接触配送服务，在为客户提供高品质文化产品的同时又确保客户的健康和安全。

五一长假期间，卓越网在自己网站的首页上贴出了一则非常人性化的“安民告示”：

尊敬的卓越网用户：

在这样一个非常的时期里，尽管节日来临，窗外阳光明媚，但原本计划好的出游，也只好选择放弃了。所以，我们很难找到恰当的措辞来表达节日的祝福，能说的就是：愿大家以及您的家人朋友都能平安健康。

节日期间，卓越网会一如既往地为您提供方便、快捷、安全的服务。

………

卓越网还承诺：所售物品绝不提价，保证供应，保证消毒，配送人员每天均进行身体检查，配送时戴口罩、手套。

“卓越网太能把握人们的心理了。”一位客户说，“当我们身处这种非常时期，心灵也异常的脆弱，尤其需要这种精神上的抚慰。”

第四阶段：在“SARS”过后

一场突如其来的SARS疫情，让网上购物方便快捷、卫生安全的优势凸显出来。在经历了几年前网络泡沫的洗礼之后，电子商务又面临着意想不到的发展契机。“这可不像卖口罩火起来的药房，我们希望的是用户能够长期选择我们。”这才是卓越网“非典时期”“典型性运作”要达到的真正目标。

作为中国B2C的旗帜网站，卓越网一直致力于改善网上购物的服务环境和打造企业竞争力。

如在订购方式上，除了最为普遍的网上订购，卓越网还开通了电话、短信订购，这样一来就几乎涵盖了绝大多数用户，潜在用户群体规模得到几何级的提升，并且也方便了消费者。业内人士认为，过去由于电子商务网站局限于“网上订购”这一条狭窄的道路上，大大限制了自己发展的手脚，以至于长期打不开局面，卓越网此举不仅开了个好头，更为其日后的发展奠定了坚实的基础。4月份，卓越网电话和短信订购业务比上个月增长了40%就是最好的佐证。

蓝领定位——大宝成功的唯一秘诀

“大宝今天的成功很大程度上应该归功于消费群体的区隔，大宝进入的是一个竞争对手相对较少或者是竞争对手实力相对较弱的细分市场。”有关专家这样评价。

（一）明确的蓝领定位

北京大宝化妆品有限公司党委书记王怀宇谈起大宝颇为动情，一家小小的福利厂发展到今天，大宝经历了许多。但从一开始，大宝就牢牢地锁定了自己的目标市场。

大宝化妆品的目标市场是这样定位的：

年龄为25～50岁之间的各类职业工作者，有着一定的文化修养，但又属大众消费阶层。他们对生活质量有着较高的追求，主要是对品牌价值、品牌内涵以及品牌的社会影响有着特定的主见；他们不求奢侈豪华，但求心理满足，对同类产品不同价格的敏感度较强；对一些高档产品质量满意的同时，常常对价格有抱怨情绪。因此，他们追求的购买目标是质价相称，或在心理上对某种满意产品有一个认为合适的价格预期，一旦某一品牌的市场价格超越了原有心理价格的预期值，他们就会放弃这一品牌而选择其他品牌作为替代品。但他们对品牌有着良好的忠诚度，在市场价格差距不是特别悬殊或没有太大波动的情况下，他们会钟情于原来自己所喜欢的品牌。

大宝人们发现，这一消费者职业特征和消费心理描述与我们所界定的蓝领消费者有较高的一致性。

（二）产品并无独到之处

有专业人士对记者说，从产品的角度来看，SOD蜜并不是一种新的产品，也不是什么新的技术，它是一项化妆品行业已经应用了几十年的技术。

当初大宝就是以SOD蜜这一产品概念进入市场并赢得自己的目标人群。当SOD蜜这个产品概念被推出后，几乎所有的目标消费群体都去购买这个产品进行尝试，甚至带动市场，使市场上出现了许多品牌的SOD蜜。

大宝另一个成功的地方是开发了一块被别人忽视了的市场——男性市场。调查显示，目前大宝的消费者中，有将近一半是男性消费者。事实上，男性的皮肤与女性的皮肤并不一样，一种护肤品不可能同时适合于两类性别的消费者。但我们看到的情况是，大宝这些并没有独到之处的产品在市场上横冲直撞、一路凯歌。同样是竞争激烈的彩电市场，任何产品概念上的漏洞都会被竞争对手攻击。而在化妆品行业中，也有经历过无数营销大战的国际大品牌，但大宝的种种不足并没有给自己带来麻烦。为什么呢？也许解释就在于它进入的是一个没有多少竞争对手，或者是实力强大的同行很少进入的细分市场。

（三）言行一致

从价格和渠道上考察，与大宝一样定位于蓝领消费者的品牌还有很多，但我们从产品的广告诉求上，并没有看到像大宝这样将诉求对象明确确定为蓝领消费者的企业。

在传播方式上，大宝所走的路子也与其品牌定位保持一致。它的电视广告走的是亲和路线，所有出现的人物都没有西装革履、香车宝马，而是明显的蓝领消费者特征。这与它的竞争对手形成鲜明的对比，一些虽然在价格和渠道上一样是针对蓝领消费者，但在广告诉求上，给消费者的感觉是针对白领阶层，形象代言人如果不是大牌明星，也是一身白领打扮。专业人士评价说，这种产品定位与传播对象分离的做法，会让消费者无所适从。他进一步解释，虽然有部分蓝领消费者会向往针对白领阶层的产品，但根据他们的调查，蓝领的中坚人群在消费习惯上，还是比较倾向于购买与自己身份相一致的产品，另外，目前的现状是，针对白领阶层的化妆品品牌繁多，就算部分蓝领消费者会选择消费针对白领阶层的产品，那你的品牌也仅仅是众多选择中的一个。

（四）走下坡路与定位无关

不可否认，大宝这几年在走下坡路。2003年中国最具竞争力品牌调查显示，2003年，大宝的成长指数并不高，远远落后于丁家宜、美加净等品牌。

专业人士说，消费群体是有时代性的，虽然同属于一个细分市场内，但不同年龄段的消费者在生活方式、人生经历等等方面是存在差异的。像大宝这样多年来沿用同一种传播语言的做法，虽然可以增强原有年龄消费者的忠诚度，但因为毕竟原有的消费者与新兴的蓝领消费者是两代人，多少有一些代沟，上一个十年行之有效的传播语言在新的十年中遇到障碍无可避免。事实上，因为传播语言多年不进行更新，大宝品牌已经出现老化。调查显示，目前大宝的女性消费者年龄相对偏大，年轻女性更加愿意选择别的品牌。

要创造、识别、抓住商机，要获得创业成功，除了创业者的强力领导外，通常还需要建立起一支才能互补的团队。这个团队要具有团队合作精神，并且对商机要有敏锐的嗅觉，当别人看到的是一片矛盾、混乱和疑惑时，他们要敏锐地发现其中隐藏的商机。创业还需要有发现和控制资源（这些资源常常为他人所有）的技巧和智谋，这也是捕捉商机所不可缺少的。这可以确保创业企业在最需要资金的时候不会发生资金短缺。这些是走向成功的重要因素。大多数极为成功的创业者既具备一个优秀的团队，也具有所需的资金支持，这样才能捕捉到别人还没觉察到的商机。

三、正道诡道，创业的明火暗器

在这个风起云涌的年代，越来越多的创业者凭借着自己的勇气和智慧闯出了一条属于自己的路。但创业之路并非一帆风顺，面对坎坷和挫折，只要勇敢面对，永不言弃，执著追求，就一定会有收获。

联邦快递成功之路

30多年前一个遭到冷落的创意，催生了一个庞大的物流王国。联邦快递成功的秘密何在？施伟德经过生与死的考验，就像他一手创办的联邦快递一样。但是，逆境并没有把他打倒。相反，他变得更加睿智。他的公司早已摆脱死亡的阴影，变得更加强大，而他当初投入的25万美元也变成了250亿！

（一）一个刚及格的创意

对于施伟德来说，运输就像血液一样流淌在他的血管里。

施伟德的家族是移民到北美大陆的英格兰人，曾参与开拓佐治亚殖民地。他的祖父吉姆·巴克·史密斯是个船长，在密西西比河和俄亥俄河上驾驶汽船。他父亲詹姆斯·弗雷德里克·史密斯曾在汽船上当过办事员。

詹姆斯颇有推销天才，曾在当时得克萨斯州繁华一时的石油小镇推销卡车。后来，詹姆斯进入孟菲斯汽车公司，成为许多汽车公司的代理。最终，詹姆斯自己创业，成立了迪克西长途汽车公司。后来，他又用积累下来的财富进行再投资，买了个棉花农场，饲养纯种牛，还开了一家餐馆连锁公司。

詹姆斯认为，他之所以能够成功，是由于他让员工们相信，他们能从中分享到成功的果实。詹姆斯似乎不仅把创业精神遗传给了施伟德，甚至也把这种朴实的管理理念遗传给了他。

作为家中的小儿子，施伟德小时候饱尝了生活的艰难。4岁时，他父亲就死了。8岁时，他患上一种罕见的病，右腿发育受到影响。在长达两年半时间里，他只能拄着拐杖走路。

15岁那年，他进入孟菲斯大学预科班。期间，他和另外两个同学一起，靠着他们从父母那里借来的5000美元，开了个唱片公司。施伟德喜欢交际，希望自己创业。但在他母亲的要求下，1962年秋进了耶鲁大学。他带着一面美国国旗进了学校，并自豪地把国旗挂在宿舍的墙上。大学期间，他还进了一支橄榄球队。

大学三年级时，施伟德写了篇20页左右的学期论文，主要内容是讨论以航空中心为基础的空运配送模式。他在论文中指出，由于当时从事投递业务的邮局和铁路等很少把包裹直接送到目的地，这为快递创造了巨大的市场空间。由于他对拓扑非常着迷，他的灵感也来自于此。通过学习他认识到，如果将网络中的所有点通过一个中心连起来，就像票据交换所那样，效率会非常高。

在商业历史上，独特的思想有时会因其独特而遭冷落甚至排斥，沃尔玛的创始人有过这样的经历，后来戴尔公司的创始人迈克尔·戴尔也有过这样的经历。施伟德未能幸免，他的论文只得了C，刚及格。然而，正是这个想法奠定了联邦快递这座大厦的基础。

（二）否极泰来

毕业后，施伟德入伍当了名中尉，并参加了越战。一颗子弹穿过了他头盔的带子，施伟德差点儿命殒沙场。不过，他的领导能力也在战争中得到了初步的锻炼。

回到美国后，施伟德开始考虑将大学时的设想付诸实施。于是，他变卖了他父亲分给他的遗产——迪克西长途汽车公司的股份，获得了75万美元流动资产。然后，他找到一个老同学，共同出资买下位于小石头城的阿肯色航空销售公司。

航空不仅激起了施伟德浓厚的兴趣，也使他从中得到满足。施伟德秉承了他父亲的销售天才。在他的领导下，公司顺利发展，头两年就收入900万美元。然而，他们却无法通过空运及时获得急需的飞机零部件。这种情况激发起了他做快递的决心。

带着这个梦想，他直接找到了美国联邦储备委员会，希望与它签下一个有关隔夜快递服务的远期合约，为他计划构建的航空运输网络打下客户基础。

在他姐姐的帮助下，1971年5月28日，施伟德向他的家庭信托基金——弗雷德里克·史密斯创业公司的董事会递交了他的计划。他宣布，自己投入25万美元，并希望董事会批准出资25万美元。计划获得一致同意。6月18日，在施伟德27岁那年，他在特拉华州注册了新公司——联邦快递公司。他之所以用“联邦”的字眼，是因为他确信这能保证他获得联邦储备系统的合同。

他还获得家族信托基金的担保，从孟菲斯国民商业银行获得360万美元贷款，用来购买两架隼式喷气机。施伟德充满热切期望地把这些飞机称为“时速550英里的送货卡车”。然而，没过多久，施伟德得到了他从商后的第一个大教训。美国联邦储备委员会并没有和他签合同，但后来却根据他的计划，通过他们自己的5个主要航空中心连夜运送他们的票据。施伟德只能眼睁睁地看着他的商业计划付诸东流，两架喷气机被闲置在机库里。

施伟德不肯放弃。他找许多投资者谈判，但没人愿意投资。这并不难理解——他的飞机很少，员工不多，而他当时的资金也不足以支撑起他的宏伟计划。与许多创业计划不同的是，他的计划注定了他的公司的起步点不能太低。他必须在一开始时就要有足够的飞机，并建立起一个覆盖多个城市的航空网络。为此，他跑到纽约与泛美公司签了份以2900万美元再购23架“隼式”喷气机的合同，并同意从1972年9月28日开始每周接收1架飞机。

施伟德深信，他很快就能拥有一支25架飞机的机队，联邦快递的年营业收入将能达到6700万美元，税前利润也会达到4300万美元。

他玩命似地工作。有三四年时间，他一年只在圣诞节前夕和圣诞节那天休6个小时的假。不过，他并没有因忙而乱。他有一个保持多年的习惯：每天晚上睡觉前，他都会把第二天要解决的事粗略地记下来，确保自己能把主要时间用来处理最重要的事情。

随着时间的推移，小石头城的官僚作风对他的束缚愈发明显。另一方面，他的老家孟菲斯却表示，希望联邦快递把航空中心设在那里。于是，施伟德毅然做出决定，将总部迁往孟菲斯。

然而，天不遂人愿。施伟德未能按原来的条款购买他急需的另外23架飞机。于是，他向泛美航空公司保证，如果他违约，泛美公司可以用较低的价格购买联邦快递的股份。

不久，更沉重的打击接踵而至。1975年1月31日，有人指控他使用假文件骗取200万美元银行贷款。就在同一天半夜，他下班开车回家时撞死了一个54岁的黑人勤杂工。在毫不察觉的情况下，他离开了现场。一个刚下班的警察恰巧当时就在他后面，目睹了整个事件。不幸中的万幸是，在骗贷案中，他被证明无罪，后来对他的肇事逃逸指控也被驳回了。

正所谓否极泰来。也正是从1975年开始，联邦快递的情况开始好转。随着美国政府解除对航空运输业的限制，联邦快递开始步入发展的快车道，直到今天。今年8月23日，联邦快递宣布提高2004财年盈利预测。几天后，该公司公布第一财季报告，利润增长了一倍多。

（三）生存底线——创新

今天的联邦快递已是一个名副其实的巨头。在其总部孟菲斯，平均每分钟就有约1.5架次飞机降落。在该公司面积达161公顷的业务中心，长达480多公里的传送带平均每天处理的包裹多达500万件。来自世界各地的不同物品，小至钟表、香水，大至发动机，源源不断地被运来，经分拣后再迅捷、精确地送到目的地。

该公司孟菲斯中心的控制室犹如军队的作战指挥所。一面墙上挂着一幅巨型地图，上面密密麻麻地标示着每架飞机的飞行路线。通过这张地图，全球操作控制部总经理能够在任何时间掌握到每架飞机的所在地点、机上装载的包裹、以及包裹的投送地等情况。

许多熟悉施伟德的人认为，他的成功源自一种不断变革和创新的精神。戴尔公司CEO凯文·罗林斯说：“施伟德开创了一个崭新的行业，并改变了商业模式。”施伟德表示，变革意味着机遇，停滞不前就等于自取灭亡。实际上，从创建以来，联邦快递变革和创新的脚步就没有停过。

施伟德喜欢看书，尤其是历史书。他的办公室很宽敞，光线非常充足。在他办公室的咖啡桌上放着一个碗，里面装满折叠整齐的联邦快递的小盒子，每个盒子装着两片口香糖。办公室有好几面墙壁都装有嵌入式书架，上面摆满许多显然已经看过的书。

他说，他的管理方法不是向现在的CEO学习，而是向他尊敬的历史人物学习。然而，施伟德却不爱过多谈论过去，因为他相信，变化是永恒的，他更关注未来。或许正是因为如此，在每个扩张时期，施伟德都能找到应用技术的新方式。古老的运输业被施伟德赋予了现代的内涵。

该公司率先在其投递系统中应用了激光条码、扫描仪、无线掌上电脑等新技术。它还建了除美军之外最大的无线电网络，以便公司与投递包裹的飞机和卡车联系，掌握包裹的整个投递进程。1987年，联邦快递建立了一个名为PowerShip的系统，使顾客可以在全球范围内了解投递物品的情况。现在，该公司声称，不管是文件、包裹还是“小于一卡车”的大型物品，顾客都可以在联邦快递的网上对包裹的投递情况进行跟踪。

它也是率先同意购买新型空中客车A380的公司之一。这种飞机能够从新加坡直飞到纽约。施伟德认为，这有利于提高长途运输的效率。当无线电频率识别技术（RFI）兴起时，联邦快递又成为积极采用者之一。

业务上的变革同样清晰可见。最初，该公司主要从事医疗和技术物资装运，后来增加了国际服务、低成本陆运和空运。今天的联邦快递比以前复杂得多。集团旗下共有4个主要业务公司：联邦快递、北美第二大少量货件陆运公司FedEx Ground，美国最大的区域散货运输公司FedEx Freight和FedEx Kinkos。如何将这些子公司的人员、流程和技术整合到一起成为施伟德最大的挑战。

施伟德的解决思路是，既让它们独立运营，同时又相互交叉销售。有过军旅经历的施伟德用美国军队的结构作比喻说："美国军队由海军、空军、陆战队等组成。各军兵种必须完成各自的任务，但他们也必须相互协作。"实际上，人们在联邦快递的文化中也的确能看到军队的影子——一种积极的甚至侵略性的内在动力。或许正因为如此，它才得以避免大公司病。许多分析师指出，这是一家很有紧迫感的公司，不断创新使它实现了持续的增长。

施伟德做过心脏搭桥手术。尽管身体不允许他进行剧烈运动，但他却不想放慢脚步，和他的10个儿子和众多孙子孙女安享晚年。他成立了一个战略管理委员会，把大部分的日常管理交给经理们，自己集中精力做他所喜欢的——考虑战略问题。

（四）CEO的两大任务

施伟德认为，CEO的首要任务就是要制订出一个可行的商业战略。先灵葆雅公司创始人阿比·普劳和施伟德是忘年交。阿比·普劳在90多岁时，还邀请施伟德时不时去看他。两人有时还一起共进早餐。

施伟德每次走时，阿比·普劳都会对施伟德说："听着，我要你记住一点。"阿比·普劳每次说的都是同一句话。施伟德却装出好像没听说过似的，实际上连阿比·普劳自己也知道他已经说过不知多少遍了。

阿比·普劳说："你知道我们能成为一家优秀公司的秘密是

什么吗？”施伟德往往会说：“我不知道。您告诉我吧，普劳先生。”于是阿比·普劳就对施伟德说：“选好业务。”阿比·普劳还告诉他，如果公司所从事的业务不可行，即使是有优秀的人才和大量的资金也无济于事。施伟德对此深信不疑。

在施伟德看来，CEO的第二项重要任务就是要深刻了解自身的优劣，并聘请能够弥补其弱点的高级管理人员。在施伟德周围就聚集着一大批优秀人才。施伟德指出，为了保留优秀人才，第一要用人不疑，放手让他们去做，第二是要设法在薪酬上吸引他们。

为了让人们知无不言，施伟德在公司中创造了一种坦率和信任的氛围。每个星期五上午，战略管理委员会都要召开一次会议。施伟德鼓励与会的高级经理们大胆说出他们的想法。在会议过程中，哪怕是他们发生争吵，施伟德也很少干预。只有当需要做出决策时，施伟德才会表态。

他还经常给各级经理发送电子邮件，以避免上下级之间封闭交流的出现，并打破官僚主义界限。施伟德说，许多大公司正是毁于官僚主义。在经理们出现错误时，偶尔施伟德也会提高嗓门，但他还是能够控制住自己的情绪。

施伟德深谙“保民而王”之道。联邦快递有24万名员工。在施伟德看来，没有满意的雇员就不会有满意的客户，当然公司的持续增长也就无从谈起。因此，他往往会花许多时间来解决人事问题。在联邦快递，如果员工对经理的处分和决定不满意，可以向上一级领导投诉。公司设有一个由高层管理人员组成的“上诉委员会”，专门负责处理此类事务。施伟德本人也经常亲自参加这样的投诉会议。为了激发员工们的积极性及对公司的热爱，施伟德还让员工们用他们子女的名称来命名公司的飞机。

施伟德强调公司领导人必须加强与员工的沟通，赢得员工的信任。原因不言而喻。他将变革视为联邦快递存亡的底线，如果没有员工的配合，一切都将徒劳。他说："我会不遗余力地让他们感到自己是变革的一部分，并阐明我们变革的原因。应该让员工明白变革是不可避免的，变革是机遇，而非灾难。"在联邦快递进入陆运业务时，施伟德花了很大力气与员工沟通。他通过公司的闭路电视向员工发表演讲，还亲自和各地员工谈话，了解他们的想法，并利用电子邮件与他们交流。

拓扑触发了施伟德的创业灵感——通过一个中心将网络中所有点连起来，其效率将非常巨大。同样，他用自己的魅力把所有人"连"了起来，并释放出了巨大的能量。

任何一个成功者的道路都不是一帆风顺的，也很少一条道走到黑的，正道诡道，相互兼顾，甚至并架齐驱。创业者思路一定要活，考虑问题不要太过单一。比如我亲身经历过一件小事来说：某日，公司组织出差，在出地铁站时，一个员工拿着地铁卡死活在那个出口通道里刷不过。最后其他同事看不过了，提醒他在旁边无人的通道刷卡，才算出来。何至于这样？这个刷不过，你换条道嘛。有时候，创业者也要学会应变，切不可一成不变，正道诡道，都是通往成功的道路嘛。

四、避实击虚，商战的取胜绝艺

商场如战场，在商战中，避实击虚也同样适用。如果“不战而全胜”是你的战略目标，那么“避实击虚”就是达到这个目标的关键。通过集中公司的资源来攻击竞争对手的致命弱处，你就会获得成功。

日本精工击败瑞士欧米加

日本人的执著与细致恐怕是我们中华民族所不能比的，这点不得不承认。日本的创新意识也是有口皆碑的，且看日本精工是如何利用击败瑞士欧米加的。

日本人开发出的“精工表”，打败了具有百年历史的瑞士名表“欧米加”就是很好的一例。很多人都知道，瑞士表是凭钟表调整师的技术取胜的。调整师谙熟机械手表的性能，对调整机械表的温度差、姿势差等整合差有着世界最高的技术水平。在这一点上，日本人难以望其项背。精明的日本人善于避实击虚，精工集团遂将目标转向石英表以期突破。石英表的运行机理是在石英上通入电流，使其发生伸缩性规律振动，然后将此振动以电气的方法连结马达来划出时间。从振动的精确性而言，机械表根本无法与石英表相比。只要拥有耐震的能力，石英表计时并不受温度等变化的影响，能达到非常精确的程度。

在瑞士，有一项纽沙贴夫天文台钟表比赛，实际上，是专门为弘扬瑞士表的威名而设置的，是一场世界钟表行业的擂台赛。在

1968年，当日本人把他们的精工表拿来比赛时，15块石英表个个都排在了瑞士表的前边。这样的比赛结果对瑞士人来说就好似当头挨了一闷棍，久久无法回过神来。瑞士厂商在沉重的打击下，忧心忡忡，坐立不安，直到第二年才把得分表寄往日本，同时不公开名次，并宣布从此停办纽沙贴夫天文台的钟表竞赛。这代表着有着百年辉煌历史的瑞士钟表黄金时代已经宣告结束。

从那以后，日本精工集团又开发出了“大众化、小型化”的石英表，使其为多数人所接受，在市场上站稳了脚跟。十年以后，石英表凭借其低价格和高质量的优势，很快占领了欧美市场，并且成为钟表业的主流。如今，“精工”已成为享誉世界的著名商标，精工企业是全球闻名的大钟表生产公司。在与“欧米加”的竞争中，“精工表”获得了巨大的胜利，夺走了瑞士“钟表圣地”的美誉。

春秋时期大谋略家管仲说过：“攻坚则韧，乘暇则神。”孙子也说过：“兵之形避实而击虚。”指的就是这个道理。对于一个聪明的企业决策者，他会运用这一规律，以取得制敌的主动权，大敌当前决不贸然出手，而在机动中收集信息，寻找对手的脆弱部位，然后集中力量，一举击中其要害。这正如技艺高超的庖丁分割牛时，决不用刀乱砍，而是瞧准关节之处下刀，这样做不必费很大力气就可以把牛肢解了。

凯马特的教训

再来举一个企业的例子。凯马特从1990年开始，设立了153家新的折扣商店共花了三年的时间，并对原有的800家商店进行了翻新，这是它斥资30亿美元要与前景看好的沃尔玛进行较量的战略。当时，沃尔玛正从乡村地区向凯马特所在的市区扩张。作为回应，凯马特的CEO发起了针对沃尔玛的直接进攻，降低了数千种商品的价格以提高自己的竞争力。为了弥补其他商品的降价损失，凯马特开始增加能够带来较高利润的服装的销售。五年之后，这个付出巨大代价的直接进攻战略被证明是不成功的。凯马特的新店在执行该战略的最初三年里，每平方英尺的销售额由167美元下降到了141美元。凯马特所购进的服装不是积压在库，就是以清仓价甩卖。同时，沃尔玛为了竞争，将价格降到了同样水平，凯马特也未能用低价格将顾客从沃尔玛吸引过来。沃尔玛的一位经理这样说："道理非常简单，在廉价方面没有人能够超过我们。"

在1995年初，凯马特CEO被董事会迫使辞职。这位CEO对沃尔玛优势的直接进攻给公司造成了巨大损失：使凯马特的市场份额从35%下降到23%，利润下降或为负数，股票业绩平平。而在这段时间里，沃尔玛的市场份额却增加了1倍，达到了40%；利润迅猛增长，股票价格也涨了4倍。

避实击虚的原则使发生的这一切都十分清晰明了。凯马特在沃尔玛的优势——成本结构上与其较量，因而失败了。它没能在运营成本上取得比沃尔玛低5个百分点的优势。就像沃尔玛的一位经理所说："全面的价格战代表着他们破产会比我们快5%。"

在商业竞争中，对于一个战略家来说，你可以有几种途径来效仿这种方法，并创造出一种以自己的优势来对抗竞争对手弱势的态势。

小厂避实而击虚创勃勃生机

山东惠民县地毯厂是一家从事手工地毯生产的老厂，有着30多年历史。在20世纪80年代初期，这家厂产品积压，严重亏损，濒临倒闭。为了挽救危机，走出困境，他们在对国内市场进行细致分析后，又对国外市场作了认真调查。从多年的资料中可以看出，欧洲与美国是世界最重要的两个手工地毯销售市场，但欧洲市场大部分被伊朗、巴基斯坦、土耳其等国占领。由于欧洲人的绅士风气很浓，地毯喜欢传统名牌，而伊朗等国的产品正适合欧洲人的嗜好。在竞争激烈欧洲市场中，强手如林，打进去是非常困难的。再看美国市场近几年手工业地毯需求量大增。美国经济发达，消费观念比较开放，不求传统名牌，只要产品质量好，价位合适，就会畅销。中国手工地毯正好适合美国人的需求。于是，该厂筹集资金，进行技术改造，大干快上，向市场紧缺而需求量大的国家和地区打开销路。从20世纪80年代中期的年产3000平方米，发展到20世纪90年代末的3万多平方米；从面临亏损倒闭发展到年创利税200多万元，年创外汇400多万美元。在商业竞争中，正是“避实而击虚”的战略方针给这个厂带来了勃勃生机。

用自己的优势攻击竞争对手的弱势

中国那句俗语“同行是冤家”说的就是这个意思。那么对于从事同一行业的经营者来说，尤其是暂时处于弱势的一方，如何战胜对方，以取得更大的市场份额，是需要苦心研究的问题。兵家反败为胜讲究知己知彼，避实击虚，攻其弱处。

创建于19世纪90年代的世界著名的百事可乐公司，大约与可口可乐公司同时诞生，但是，当20世纪30年代时，可口可乐已成为美国软饮料市场的垄断者，而百事可乐才刚刚从二次破产的烂摊子中喘过气来。百事可乐公司也曾在1933年试图转让给可口可乐，但没有成功，公司领导人格斯面对极为困难的局面决定采取“避实击虚”的战略。当时，一瓶6.5盎司的可口可乐售价5美元。格斯决定以同样的价格进行销售，但百事可乐一瓶为12盎司。由于当时正处于萧条时期，消费者很快对百事可乐公司的举措做出了反应，所以百事可乐公司在不到三年里扭亏为盈。到20世纪30年代末，百事可乐已经坐上了美国软饮料市场的第二把交椅，它的12盎司瓶装可乐占到了所有碳酸饮料销售量的四分之一，这一数字大约是百事可乐1935年市场份额的四倍。而可口可乐公司则由于一些关键的合作伙伴公司——装瓶商，不愿花费更多资金，改变装瓶的生产，使得可口可乐公司直到22年后，才向市场投入了大容量装的可乐。而这时的百事可乐，已经在全国建立了稳固的地位。

在日本，有一家名不见经传的生产表带的小厂，由于其产品难以与生产名牌表带的大厂家抗衡，所以在产品的经销中屡屡失败。怎样才能反败为胜呢？厂长想出了一个好主意，他提出：“要想反败为胜，就要找出名牌表带的弱点，瞄准它，攻破它。”功夫不负有心人，他们终于找出了名牌表带的弱点，它和普通表带一样，有时，特别是在炎热的夏天，容易让人皮肤过敏或长痱子。厂长就发动职工想办法克服这一弱点。经过研究，他们想出了在表带上皮和下皮之间夹一层聚丙稀薄膜的新工艺。也正是因为这一点，使这家小厂在经营中反败为胜，该厂在后来发展成日本一流的表带生产厂家。当有人请厂长谈成功之道时，他说："瞄准产品的弱点加以克服是非常重要的。即使是大厂家，也要继续瞄准弱点，寻找克服这些弱点的对策，这样就能不断获得成功。"

李政道先生说过："要想在研究工作中赶上、超过人家，你们就一定要摸清在别人的工作里，哪些地方是他们的缺陷。看准了这一点，钻下去，一旦有所突破，你就能超过人家跑到前头去了。"所以，想反败为胜，就必须勇于"瞄准弱点"，勤于"瞄准弱点"，善于"瞄准弱点"。

瞄准弱点，巧妙地攻击对方的弱处，从而显己之长，是每一个老板进行生产经营必须学会的一招。在商业竞争中，善于运用这种"避实而击虚"的战术，就能较顺利取得可观的经济效益。

宝洁成功抢占中国牙膏市场

一个策略的酝酿不是一朝一夕的事情，宝洁能够成功抢占中国市场上，在策略上是下了大功夫的，为了策略能够顺利执行也是下了大力气的。

中国现有生产牙膏的企业一百余家，其中不乏实力雄厚的企业，在国内已经有较大份额的市场，可谓"战国纷争"，而且国外的一些公司也看中了中国这一巨大市场，大举进攻中国，把自己的产品推向中国。美国宝洁公司已经把工厂建在中国，可见其野心不小，宝洁公司在大举推广产品之前，花费了大量人力物力做市场调研(牙膏市场现状和消费者对牙膏的需求和看法，本公司产品的试用），做到知己知彼。

中国牙膏市场有实有虚“实”之所在：

1．牙膏品牌众多，必然导致竞争激烈。

2．牙膏基本都集中在低价位上，各牙膏生产厂家的竞争热点就在于此。从北京勺海市场调查公司近期的一项国货与洋货比较的调查中，对国货形象的描述是“大众化”，“方便”，“耐用”，这表明，国货基本放弃了针对中高消费阶层的定位，从而放弃了高利润。

3．几个老品牌市场份额较稳固，不容易轻易夺走。

4．牙膏的广告战趋于白热化；通过各种传媒向人们宣传，而且着重点很突出，获得中老年消费者的青睐。

其实，实与虚并不是经纬分明，而是一种辩证的关系．实中有虚，虚中有实，可以相互转化：

1．牙膏品牌众多，这一“实”正是中国牙膏市场的“虚”所在，品牌众多，没有处于垄断地位的品牌，必然导致市场无序，肯定会在一定程度上减少知名品牌的市场占有率，一个品牌的商品，只有在市场份额超过15%时，它在市场上才有稳固的地位。

2．中国牙膏市场1996年以前几乎清一色都是中低档，没有明显的区分度，这正表明了中国牙膏市场的不成熟。这并非戏言。牙膏工业在中国虽然有了几十年的历程，但由于经济体制的多方原因，导致它举步不前，很长一段时间处于停滞状态，真正发展也才是最近几年的事情。举一个其它行业的例子，中国的白酒行业，70年代茅台的零售价固定在8元左右，当时一些中档的白酒要2～4

元，只与茅台相差2～3成，而到了80年代后，白酒市场迅速发展，从各档次酒的价格差中可明显看出了区分度，这也证明白酒业已经逐步成熟，高档次就意味着高利润，从而带来高收益。

随着中国的经济发展，有相当一部分人先富了起来，他们需要高档商品，而牙膏市场却很长一段时间存在着这样的真空。中外的牙膏厂商已经看到这一点，并采取了相应的策略。

3．中国牙膏广告很少着重对青少年儿童的宣传，没有能从保护牙齿对于一生健康的重要性着手，没有考虑到这一部分潜在购买群，没有考虑到他们对父母的购买决策的影响。

4．中国的牙膏厂商相当大一部分缺乏成熟的管理运作体制，这导致很多牙膏生产企业停滞不前。

宝洁清楚认识到中国牙膏市场高档产品的真空，一举把高价位的品牌“佳洁士”推向中国市场，这一系列衔接紧密的市场策略运用把中国的一些牙膏厂商打得措手不及。

宝洁公司很清楚中国的几个传统的牙膏品牌占有一定的市场份额，在中国人心中，特别是中年人和老年人心中稳固的位置。宝洁公司在中国为其各种品牌的牙膏作电视广告宣传时，虽然其广告受众并非完全是少年儿童，但宝洁公司几乎都以少年儿童作为广告片中的主要角色，以适应广大少年儿童的欣赏口味，但宝洁公司生产的牙膏并非为儿童牙膏。其实少年儿童虽是牙膏的消费者，但却很少去购买，在广告策略中有这样一条“要去赢得购买者的青睐”，为什么宝洁公司反其道而行之，不同众多的牙膏生产厂家在广告宣传上正面竞争，而去对国内生产厂家所忽略的潜在市场进行培养，且在无形中抢战现有市场份额呢？

这主要是因为以下三原因：

1．可以避开与国内生产厂家在宣传攻势上正面竞争。我们都知道国内的一些名牌牙膏的生产厂家的广告战是相当激烈的。

2．宝洁公司想利用少年儿童去影响父母选择牙膏的品牌。

3．宝洁公司是想让中国现在的一代少年儿童在“佳洁士”的陪伴下成长，把使用这种牙膏作为一种习惯。让这两种牙膏不仅伴其成长，而且还要伴其一生，可见宝洁公司的野心之大。我们现在可以比较一下中华牙膏在数年前播放的一则相当成功的广告：一个中年人回忆自己少年时，为了用牙膏皮换面人儿，急切地将中华牙膏挤到家人的牙刷上……这则广告主要是靠唤起中老年人的怀旧感，来稳固自己的市场,从这一目的来说，这则广告的效用还相当不错。但这则广告与宝洁的广告相比，缺乏进攻性，维持不前就意味着要落后。

宝洁在中国的公司管理体制基本上沿用了原来的制式了，这已经相当成熟，无需再反复摸索，宝洁高效的管理体制，营销体制加上中国的低成本注定了它的成功。

避实击虚并不是钻空子，做企业钻空子是要不得。中小企业面临的竞争压力大、危机感强，因而也更需要制度创新和技术创新；利用自身组织构架精干，管理层次少，运行机制更为灵活的特点，面对瞬息万变的市场，适应性和承受力、应变力也较强，在经营上更有弹性。所以，中小企业应充分发挥自身优势，密切观察竞争对手，分析研究市场态势，采取避实击虚策略，避竞争对手长处之实，击竞争对手短处之虚；避市场饱和之实，击市场空缺之虚。注意寻找大企业不愿或不能进入的，企业自身有基础而又能发挥专长的市场空档；注意抓住当前一代产品开始衰退，后一代产品尚未投入之时而出现的产品空档；注意捕捉一些大型企业往往求助于社会分工协作，希望其他企业帮助从事加工业务而派生的介入空档。中小企业要找到自身的发展空间，走“小而专”、“小而特”的发展路子，逐步形成自己的优势，形成自己的“实”。

第八章　细节决定成败

丢失一个钉子，坏了一只蹄铁；坏了一只蹄铁，折了一匹战马；折了一匹战马，伤了一位骑士；伤了一位骑士，输了一场战斗；输了一场战斗，亡了一个帝国。

创业
游击战

一、天下大事，必作于细

大事业和小事情有着十分密切的联系，任何大事业总是由一件件小事串成的，不严肃认真做好每一件小事情，所谓大事业就是一句空话。古人说过："天下难事必作于易，天下大事必作于细。"于平凡中见伟大，于细微处见精神。认真细心做好每一件小事，是成就任何事业都必须具备的素质和作风。与其在那里高谈阔论，面对虚无飘渺的"大事"悲伤叹息，不如面对现实，从点滴做起，认真地做好眼前的"小事"，通过一件件小事磨炼意志，锤炼人生，胜利和成功就会向你招手。

通用以细节取胜

"天下大事，必作于细；天下难事，必成于易。"无论做人、做事，都要注重细节，从小事做起，把小事做细。

这是一个发生在美国通用汽车的客户与该公司客服部间的真实故事。

有一天美国通用汽车公司的庞帝雅克部门收到一封客户抱怨信，上面是这样写的："这是我为了同一件事第二次写信给你，我不会怪你们为什么没有回信给我，因为我也觉得这样别人会认为我疯了，但这的确是一个事实。”

“我们家有一个传统的习惯，就是我们每天在吃完晚餐后，都会以冰淇淋来当我们的饭后甜点。由于冰淇淋的口味很多，所以我们家每天在饭后才投票决定要吃哪一种口味，等大家决定后我就会开车去买。”

“但自从最近我买了一部新的庞帝雅克后，在我去买冰淇淋的这段路程问题就发生了。”

“你知道吗？每当我买的冰淇淋是香草口味时，我从店里出来车子就发不动。但如果我买的是其他的口味，车子发动就顺得很。我要让你知道，我对这件事情是非常认真的，尽管这个问题听起来很猪头。为什么这部庞帝雅克当我买了香草冰淇淋它就发动不了，而我不管什么时候买其他口味的冰淇淋，它就一尾活龙？为什么？为什么？”

事实上庞帝雅克的总经理对这封信还真的心存怀疑，但他还是派了一位工程师去查看究竟。当工程师去找这位仁兄时，很惊讶地发现这封信是出之于一位事业成功、乐观、且受了高等教育的人。

工程师安排与这位仁兄的见面时间刚好是在用完晚餐的时间，两人于是一个箭步跃上车，往冰淇淋店开去。那个晚上投票结果是香草口味，当买好香草冰淇淋回到车上后，车子又发不动了。

这位工程师之后又依约来了三个晚上。

第一晚，巧克力冰淇淋，车子没事。

第二晚，草莓冰淇淋，车子也没事。

第三晚，香草冰淇淋，车子发不动。

这位思考有逻辑的工程师，到目前还是死不相信这位仁兄的车子对香草过敏。因此，他仍然不放弃继续安排相同的行程，希望能够将这个问题解决。工程师开始记下从头到现在所发生的种种详细资料，如时间、车子使用油的种类、车子开出及开回的时间……根据资料显示，他有了一个结论，这位仁兄买香草冰淇淋所花的时间比其他口味的要少。

为什么呢？原因是出在这家冰淇淋店的内部设置的问题。因为，香草冰淇淋是所有冰淇淋口味中最畅销的口味，店家为了让顾客每次都能很快地取拿，将香草口味特别分开陈列在单独的冰柜，并将冰柜放置在店的前端；至于其他口味则放置在距离收银台较远的后端。

现在，工程师所要知道的疑问是，为什么这部车会因为从熄火到重新激活的时间较短时就会发不动？原因很清楚，绝对不是因为香草冰淇淋的关系，工程师很快地由心中浮现出，答案应该是“蒸气锁”。因为当这位仁兄买其他口味时，由于时间较久，引擎有足够的时间散热，重新发动时就没有太大的问题。但是买香草口味时，由于花的时间较短，引擎太热以至于还无法让“蒸气琐”有足够的散热时间。

在这个故事中，购买香草冰淇淋有错吗？但购买香草冰淇淋确实和汽车故障存在着逻辑关系。问题的症结点在一个小小的“蒸气锁”上，这是一个很小的细节，而且这个细节被细心的工程师所发现。这里有一正一反两方面的教训，一方面，厂家在“蒸气锁”这个细节没有注意，导致了产品出现这种奇怪的故障；另一方面，庞帝雅克的工程师同样因为注重细节，谨慎小心分析，最后终于找出了故障的原因。

现代商业的成败，在很大程度上已经由细节决定了。大笔的金钱投入下去，往往只为了赚取百分之几的利润，而任何一个细节的失误，就可能将这些利润完全吞噬掉。其实在现实中，细节同样以各种方式影响我们的工作生活。对于工作的细节和生活的小节，我们没有理由不去重视。

记得《新视野》刊首语有一篇《高质量才是以人为本》的文章，在谈到“质量无小事，局部细微的弱点都将最终导致全局的崩溃”时，文章用了西方流传的一首民谣对此作形象的说明。这首民谣说：

丢失一个钉子，坏了一只蹄铁；

坏了一只蹄铁，折了一匹战马；

折了一匹战马，伤了一位骑士；

伤了一位骑士，输了一场战斗；

输了一场战斗，亡了一个帝国。

马蹄铁上一个钉子是否会丢失，本是初始条件的十分微小的变化，但其“长期”效应却是一个帝国存与亡的根本差别。

“天下大事，必作于细；天下难事，必成于易。”天下的难事都是从易处做起的，天下的大事都是从小事开始的。海尔总裁张瑞敏先生在比较中日两个民族的认真精神时曾说：如果让一个日本人每天擦桌子六次，日本人会不折不扣地执行，每天都会坚持擦六次；可是如果让一个中国人去做，那么他在第一天可能擦六遍，第二天可能擦六遍，但到了第三天，可能就会擦五次、四次、三次，到后来，就不了了之。有鉴于此，他表示：把每一件简单的事做好就是不简单；把每一件平凡的事做好就是不平凡。

所以，无论做人、做事，都要注重细节，从小事做起。正如汪中求先生在《细节决定成败》一书所说的：“芸芸众生能做大事的实在太少，多数人的多数情况总还只能做一些具体的事、琐碎的事、单调的事，也许过于平淡，也许鸡毛蒜皮，但这就是工作，是生活，是成就大事的不可缺少的基础。”由此，我们需要改变心浮气躁、浅尝辄止的毛病，提倡注重细节，把小事做细、做实。

麦当劳精益求精塑造品牌

任何一个品牌的成功，无不专注于细节，麦当劳也不例外。

让我们先看看麦当劳公司是怎么做的。作为一家快餐公司，麦当劳公司在中国的定位已经完全脱离了快餐的概念和功能，而是向我们展示了一种美式生活和西方文化，消费者喜欢它是因为其“品质、服务、整洁、价值”，这也是麦当劳的经营理念，并不复杂，但关键是它把这四个方面细化到企业管理的每个方面，落实到每个岗位，做到了极致。

打造一个优秀的品牌，最重要的是品牌忠诚度，也就是让消费者只消费你的产品，而不是竞争对手。我们经常会听到很多人吃快餐的时候，有的人会选择麦当劳，也有人选择肯德基，这就是品牌的定位和品牌忠诚度的不同造成的。我们可以看看麦当劳的品牌定位，在2年前做了一个明确的品牌定位“我就喜欢”，体现了一种活力、动感的文化内涵，瞄准的就是青少年这个主要的快餐消费群体。

麦当劳主要瞄准的儿童、青少年和城市白领，让我们看看麦当劳是如何紧紧吸引住这些消费者的。针对儿童，他在店里专门开辟一个区域，供孩子玩耍，而且他会针对孩子最喜欢的一些动画造型，比如机器猫、玩具超人等推出欢乐家庭餐，或者赠送一些小玩具；针对青少年，他请的广告明星和品牌代言人都是非常时尚的歌星、影星，并且针对青少年喜欢改变的特性，不断推出新的产品，变换不同的口味；针对城市白领，他非常强调环境，明窗静儿，暖意融融，让人感觉非常舒适。

这些还不算什么，麦当劳品牌的塑造，更来源于他的精益求精，在细节上下足了功夫。

我们看一下它有哪些规定：

吸管：粗细当能用母乳般的速度将饮料送入口中时的顾客感觉最好；面包：气孔直径为5毫米左右厚度为17厘米时放在嘴中咀嚼的味道才是最好的；可乐：温度恒定在4℃时，口味最佳；牛肉饼：重量在45克时其边际效益达到最大值；柜台：高度在92厘米时绝大多数顾客在掏钱付账取食品时最感方便；等待时间：不要让顾客在柜台边等候30秒，以上这是人与人对话时产生焦虑的临界点。

此外，麦当劳对薯条的宽度、炸的时间、室内温度，甚至连一张抹布擦桌子能擦几次要翻面都规定得清清楚楚。可反观国内的餐饮企业，很少有能够做到这样精细化、规范化的，也难怪我们的企业跟这些洋快餐、“垃圾食品”无法抗争。从某种意义上说，麦当劳卖的是一种美国文化和舒适惬意的就餐环境，而中国餐馆卖的是菜的味道、品种和工艺，其实并不是直接的竞争，但是国内企业缺少的是麦当劳那种不断地去琢磨消费者心理，细致入微的工作态度，往往是比较浮躁，每天都喊着要打造品牌，可真要是落实到细节，又没有那个耐心。

麦当劳还在芝加哥开办了专门的培训中心——汉堡包大学，要求所有的特许经营者在开业之前都接受为期一个月的强化培训。回去之后，他们还被要求对所有工作人员进行培训，确保公司的规章条例得到准确的理解和贯彻执行。

没有过人的细致功夫，是不可能打造世界级的品牌的，我们国内的很多企业往往喜欢在广告上大把大把花钱，但却在产品研发、售后服务上功夫做得太少，以至于始终不能赢得客户的忠诚，没有客户的忠诚度又怎么能形成真正的企业品牌？那些正在为品牌建设的企业，要静下心来好好琢磨一下自己公司的品牌定位究竟是什么，瞄准的客户群体是谁，能不能从生产、营销、研发、服务等各个细节进行深入地思考。

大品牌大企业尤是如此，何况我们每一个创业者。没有细致过人的功夫，想要做好一番事业，总是会充满坎坷。一屋不扫，何以扫天下？这句古人说过的话，未尝没有道理。

二、三分策略，七分执行

马云说：“一个一流的创意加三流的执行，不如一个三流的创意加个一流的执行。”企业经营要想成功，战略与执行力缺一不可。许多企业虽有好的战略，却因缺少执行力，最终失败。市场竞争日益激烈，在大多数情况下，企业与竞争对手的差别就在于双方的执行力。如果对手在执行方面比你做得更好，那么它就会在各方面领先。

戴尔重在执行

戴尔的成功完全是靠高效的执行力来实现的，没有繁文缛节的制度，没有紧张的官僚作风，靠的就是优异的执行能力，让它立于不败之地。

直销最成功的莫过于戴尔了，戴尔所运用的直接销售与接单生产方式，并非仅是跳过经销商的一种行销手法，而是企业策略的核心所在。虽然康柏的员工数与规模超出戴尔很多，但戴尔多年前的币值就已超前，关键就在于执行力，而这也正是戴尔于2001年取代康柏，成为全球最大个人计算机制造商的原因所任。

任何采行直接销售的公司都有特定的优势：能控制价格、没有经销商瓜分利润、销售人员对产品高度投入。不过这并非戴尔的专利，像捷威也是采取直接销售，但它的表现却不比戴尔的其他对手要好。戴尔眼光独到之处在于：接单生产、优异的执行能力，而加上盯紧成本，就让他立于不败之地。

以传统大量生产的制造业而言，大都是以预估未来数月的需求来设定生产数量。如果像一般计算机厂商那样，各项零组件均交由外包，本身只负责组装，便需要告知零组件供货商自己预估的数量，并议定价格。如果销售情况不如预期，大家手上都会堆积着销不出去的存货；如果销售情况超乎预期，又得手忙脚乱地应付市场需求。按单生产这种做法大异其趣之处在于，工厂是在接获客户订单后才开始生产。与戴尔配合的零组件供货商也是接单生产，在戴尔的客户下了订单之后，再开始生产。等供货商交货后，戴尔立即开始组装，并在装箱完毕数小时之内就运送出去。这套系统能压缩接到订单至出货的整个流程时间，因此戴尔能够在接到订单的一周、甚至更短的时间内就将计算机交货。这套系统让自己与供货商的存货都减到最少；与对手的客户相比，戴尔的客户更能及时享有最先进的产品。

所以战略的正确并不能保证公司的成功，成功的公司一定是在战略方向和执行力两个方面都到位。何况在战略上完全踏空而失败的公司并不多，更多的公司是在几乎同样的战略方向下在竞争中拉开了距离，执行力在公司的发展中起到了更持久的作用，它不仅可以执行战略，而且可以在过程中巩固，优化战略的方向，形成战略制定和战略执行之间的双向互动。

因此，企业发展速度要加快、发展质量要提高、发展规模要扩大、企业寿命要延长的条件下，除了企业的决策层要不断善于捕捉发展机遇，制定出好的战略之外，更重要的是要具有实施这一战略的执行力，它是企业贯彻落实领导决策、及时有效地解决问题的能力，是企业管理决策在实施过程中原则性和灵活性相互结合的重要体现，是企业生存和发展的关键。

沃尔玛的高度执行力来自那里?

小企业人员较少，相对来说执行力就比较容易贯彻，而且也相对具体。而大企业呢，如何才能提高执行力呢？让我们来看下沃尔码是怎么做到的高效的执行力的。

零售业在美国早就是成熟的产业，按照传统观点，那应该是无利可图的产业。但沃尔玛的创始人山姆·沃尔顿开始从乡村包围城市，一点一滴拉大和竞争者之间的差距。例如，光是偷窃的损失，沃尔玛就比竞争者少了1个百分点，这样的成果和3%的净利相比，贡献可观，而这就是执行力的具体表现。除此之外，沃尔玛还利用集中发货仓库，每天都提供低价商品，还有全国卫星联网的管理资讯系统等等，沃尔玛便以这些看似平淡无奇的管理手法，创造出全球最大的零售公司。在过去40年中，没有任何公司能成功地模仿沃尔玛，换言之，沃尔玛以其特有的执行力，具备了持续的竞争优势，培育了企业核心能力。

（一）复杂的问题简单化

1. 流程简化：超市收货及出货可与仓库管理进行比较

超市的商品管理比如价格、库存、销量等很多方面可以和工厂的仓库管理进行类比，你看超市1万多种商品，收货时，刷一下就行了，出售时再刷一下。查资料时刷一下，库存、销量、价格、利润，商品的位置所有的数据都出来了。而平时观察到的仓库管理，要开票、登记，可能还要记账，然后再输入电脑，假如我们随意到问仓库管理员，仓库有多少商品，库存资产是多少，一个配件一个月的出货量是多少等数据能马上回答出来嘛，我想可能比较难的。

2. 体系的执行在企业文化、制度、上级检查中得到体现

①以顾客为关注焦点（企业文化上明确，顾客永远是对的，客户可以带包进卖场、员工看到没人照顾的小孩要把他领到服务台照顾、员工买到质量坏的商品作双倍赔偿、对顾客要微笑服务），因为顾客多为固定的居民，有时找社区居民进行座谈会，咨询对商场的意见。

②人员的意识和能力：员工培训非常到位，因为每个主管都能培训。

③过程的监视和测量：从商品进卖场到出售，销售量、库存、

价格，利润每天都有清单，可以说所有的商品数据都很清楚。

④不合格品的控制：不新鲜的商品及时扔掉。

⑤管理评审：比如资产保护部直接向总部资产保护部负责，每个月向总部的资产保护部写周报，电子邮件发过去，总部的资产保护部过几个月时间到分公司来进行检查，检查完，会开一个简单的会议，要求整改。

3. 程序易操作

沃尔玛的程序与岗位知识更贴近，并且更详细，相对来说沃尔玛的程序更容易操作，沃尔玛还有句宣传语让人能够深思："人生的意义在于达成可实现的目标。"不管是目标，还是制度，企业文化可实现的，就是好的，实现不了或执行不了的就不怎么值得提倡。

（二）培训的到位

三级安全培训是否到位，大多分公司不怎么到位，而且很容易判断：假如没有书面化的培训标准，往往都不怎么到位，很容易流于形式化，可能就签个字，讲两句就应付过去了。培训不到位再讲执行力就意义不大，员工都不清楚岗位知识，还要求做到位就不太现实了。

沃尔玛每一个主管都能培训，保证了岗位知识传授到位，主管本身对岗位知识掌握得好。

岗位做的和岗前培训的知识完全一样，岗前培训的知识和该岗位涉及的程序完全一样（做的、说的、写的完全一致），而且培训方式也简单，普通员工不需要拿一本厚厚的制度来学习，只需要拿笔记本听主管讲岗位知识就行了，日常工作中不懂或不清楚的再提问，把学习和管理完全结合起来。

（三）良好的员工管理

1．口号能激励情绪。

2．树立员工榜样，每个月会有明星员工，照片张贴起来，起到榜样作用。

3．尊重个人。

4．公平，机会公平、员工有了纠纷由资产保护部处理，其他部门甚至总经理也无权处理、张贴内部投诉电话，员工遇到不公平可以投诉，公平的环境也能产生高度的执行力。

5．当员工违反制度时，我们常见的措施是罚款。而沃尔玛较少罚款，有员工违反制度了，来个指导，一个月内三个口头指导相当于一个书面指导，三个书面指导也就差不多可以开除了，当然给书面指导的基本很少见，沃尔玛的一些称呼比如处罚叫指导，主管也称教练，加上管理上多鼓励多赞美少批评，再想到他的公仆式管理模式，会让人很容易接受他的管理，反而能产生高度的执行力。

（四）管理人员的执行到位

员工执行力的到位相对简单，管理人员能做得到位就不太简单，管理人员本身就监督人，做不到位往往也缺乏监督，就像政府治理腐败一样困难，因为腐败人员本身就是在权力部门，有权的部门或管理者违反制度是正常现象，而管理人员做的是否到位往往会对制度的执行力有举足轻重的影响。这里面有两个常见的问题，第一点当然是权力部门缺乏监督，自个就是权力的象征，不遵守规则又能咋的，第二点就是人本身都有弱点，就制度执行来讲，人有惰性，没监督，自我要求不严，通常要做到高度自觉的执行就难，就当官的腐败来讲，人都有贪欲，没有监督又刚好有需要，有点儿腐败也是正常现象。

沃尔玛的做法是：

1．从单个分公司来讲，资产保护部就是分公司制度的监督者，别的部门违反了制度他就有权力要求纠正。

2．从权力部门的个人或部门来讲，监督就是来总部的监督，每周的周报、不定期的上级检查，就构成了监督。检查的专业性比较强，比如岗位检查，询问岗位知识，观察你怎么做的，出口通道会安排一个人做各种监督，要是他带着包出门你没检查他，或许就会觉得你这里的制度执行不到位。

3．公开的投诉电话，假如权力个人或部门违反制度不改正，员工可以打投诉电话。

4．神秘客户，通常不知什么时候总部会安排一个神秘客户到分公司来，装成一个简单的客户，然后观察分公司各方面是否做得到位。

5．良好的氛围，企业氛围对执行力有很大影响，当企业形成高度执行力的氛围时，单个人的执行力也会提高。

执行力是否高效跟企业大与小没有多大关系，最根本的问题是制度规章要明确、简单，容易执行，而且贯彻得彻底，就像沃尔玛的宣传号码：“人生的意义在于达成可实现的目标。”

在创业过程中，无论规模大还是小，我们都应该注意这个问题，策略要有，而执行起来又不至于太困难，一步步建立企业高效的执行力文化。

杰克•韦尔奇：执行力就是消灭妨碍执行的官僚文化

每个企业都希望能找到持续成功的灵丹妙药，但它到底在哪里？让我们回首历史，一百多年前，当纽约证券交易所开盘时，选取了十几家当时最大的公司作为道琼斯指数股，而一百年后的今天，只有GE还依旧是道琼斯指数股。是什么使得GE能基业长青？原因很多，但无疑，卓越的企业执行力在其中扮演起到了举足轻重的角色作用。

GE执行的有力推动者之一是大家非常熟悉的原通用公司CEO杰克·韦尔奇。杰克·韦尔奇对执行力的观点是："通用最痛恨官僚主义，我们杜绝将资源浪费在行政体系上的做法，摒弃所有仅有美丽外壳的计划与预算。"

从GE最基层的一个实验车间的化学工程师，韦尔奇一步步脱颖而出，20年后终于登上GE最高层的权力宝座。他完好地保存了他独特的与官僚作风格格不入的"杰克式"的激情，矢志打破GE这个多元帝国的官僚主义，以强硬作风、追求卓越的理念推动GE业务重组，构筑全新战略，实现通用电气公司的四大创举。

正是这种充满活力的激情成为他出任CEO后一切改革的源动力。他历经旧体制的层层曲折，深知哪里是最阴暗的深处，哪里有无所事事的敷衍，哪里是最殷切的盼望，所以，刀斧所到之处，必斩而后快，且绝不手软。为此，他曾有"中子弹杰克"、"美国最强硬的老板"之称。

一个公司的效率不在它的大楼，也不在它的人员，更不在它的会议，而在它的贯彻力度，也就是杰克·韦尔奇所说的执行力。

三、简单的招式，练到极致就是绝招

生活和工作中解决问题、处理事务、策划市场、管理企业，没有什么绝招。大量的工作，都是一些琐碎的、繁杂的、细小的事务的重复。这些事做成了、做好了，并不见什么成就；一旦做不好了、做坏了，就使其他工作和其他人的工作受连累，甚至把一件大事给弄垮了。

早在我国开发大庆油田时，日本人就特别能够从细节上发现问题。1966年7月，《中国画报》有王铁人头戴狗皮帽的照片，日本人就推断出此地为零下30摄氏度的东北地区；又根据运原油的列车上灰层的厚度，测出油田与北京的距离，认定油田应在哈尔滨与齐齐哈尔之间；1966年10月，《人民中国》刊登出宣传王进喜的文章中，透露出一个“马家窑”的地名，日本人便推出大庆在安达车站附近；王进喜原在玉门油田，1959年参加国庆观礼后就销声匿迹了，推断出大庆开发时间为1959年9月。这次调查的成功，使日本后来在中国石油工业进口设备的谈判中占据主动，大获全胜，几乎垄断了我国石油设备进口市场。单看日本人在中国石油工业进口设备谈判的主动情形，不明真相者一定会认为他们有什么绝招呢。

ELOK地板的细节之殇

看似简单的问题却使企业陷入困境，然而这些简单的问题如果加以深究，却何尝不是我们发展的转折点呢？简单的问题，简单的招式，如果练到极致也能给企业带来勃勃生机。ELOK地板成功地利用了这个简单的电话号码上出的问题，做到了极致，使企业走向了另一个高度。

接到ELOK公司总经理王佳树的电话的时候，ELOK正面临着前所未有的困境。整个广东区域市场面临着消费者的极度不信任，产品已经开始出现滞销。我们的任务，就是如何在最短的时间内扭转这个局面。

（一）都是电话惹的祸

ELOK公司以生产强化木地板和各类实木地板为主，同时也生产各类橱柜产品。

公司在刚刚搬到新厂不久，就发生了“媒体曝光”事件。原因是：新厂搬过来后，忽略了一个电话号码，也就是：服务和投诉电话。这个电话成了旧厂的车间电话，企业换了新的服务电话，但没有及时告知消费者，并印刷到产品上。许多消费者在产品出现问题以后，电话咨询，结果车间的工人说：厂子搬走了。这引起了消费者的误解。许多消费者把这个情况反映给消协，甚至对产品质量进行了投诉。当地消协和电视台联合对此事进行了调查，并进行了相关报道。

电视针对企业的服务问题进行的报道，导致消费者大面积的信任危机，企业的产品销售陷入了困境。

（二）危机公关，从何入手

地板和橱柜产品销售具有较大的特殊性，由于涉及售后的施工问题，技术咨询成为非常重要的环节。企业的服务咨询电话在整个的服务过程中就显得非常重要。因此，尽管这件事看似小事，却引起了一系列恶性联想，从而导致消费者的信任危机。从目前的情况看，我们不得不面对这样的事实：

电视曝光及消协的出面已经造成较大的传播影响，负面信息传递范围大；

已经对诸多购买过ELOK产品的消费者造成了伤害；

企业缺乏应对措施，领导层想法不一，组织混乱，应对乏力。

消费者投诉多来源于施工的过程中造成的安装不良问题，更大程度上来自装潢公司的技术处理，一部分来自于缺乏企业技术指导而造成的施工失误。

目前，出现产品损坏的消费者不多，涉及的金额不大。产品质量本身没有任何问题。在说明了相关的情况后，企业对事件的处理有两种看法：

一种认为：企业应该迅速和媒体取得联系，通过各种方法尽量封锁消息，阻止传播，同时，消费者投诉的问题，不是产品质量的问题，应该大胆应对，说明情况，不怕闹上法庭，以示清白。

另一种认为：应该息事宁人，安抚消费者，赔钱的赔钱，道歉的道歉，赶快把这事处理掉。

（三）哪里跌倒，就在哪里爬起来

在对事件进行系统的分析后，我们认为以上两种都不可取，因为即使解决了目前的问题，没有扩大传播范围，也是治标不治本，如何解决消费者的信任危机、重塑企业形象才是最关键的。这样，才能解决产品的销售问题。在处理危机事件时，我们应该遵守三个原则：

1．体现企业敢于承担责任、勇于承认错误的精神，不回避，不隐瞒；

2．迅速加强和媒体、消费者的沟通交流，从良好的意愿出发，协商解决问题；

3．快速行动起来，推出全新的“服务”理念，用事实来说话。

对此，危机从服务开始，ELOK的挽救措施就从服务开始，重塑企业形象，打一个漂亮的翻身仗。为此，推出“全程百分百服务”工程，来重新启动企业的形象。

（四）服务创新，推出“全程百分百服务”工程

在推出新的服务之前，企业必须解决目前消费者的信任问题，为此，企业迅速行动，做出以下处理：

重奖投诉的消费者，郑重向厚爱我们的消费者道歉：企业通过律师、企业领导与消费者进行协商，除对消费者的损失进行相应赔偿外，对消费者给予1000～2000元的现金奖励。同时，把企业奖励投诉消费者的信息通过电视发布，并向广大忠实消费者真诚道歉。

请您参观，请您座谈，请您提意见：邀请消费者、潜在消费者

组织到工厂有奖参观，同时组织座谈会，对消费者提出的服务意见进行整理，对合理化的建议进行奖励。

技术服务队伍大展示：组织技术熟练的施工尖子能手，在电视直播施工情况，讲解施工要点，展示技术服务队伍的精神面貌。

通过以上的信息传播，迅速化解了消费者的不满，表达了企业的诚意，同时展示了企业在技术上的强大实力，负面消息逐步减少，媒体的声音开始向正面报道靠拢。

在上述铺垫做好以后，企业迅速推出了“全程百分百服务”工程，内容包括：

从即日起三天内购买ELOK地板和整体橱柜的消费者，由专业施工队免费施工；

半年以内，消费者购买ELOK产品，企业协助派施工技术指导到施工现场进行指导，并在施工后进行验收。在此期间，即使是因为工程方施工造成产品损坏，企业仍旧无条件换货；

企业的技术服务电话增开到两部，随时接受消费者监督，同时公开企业副总手机，有服务不周的现象，可直接投诉，如果情况属实，将重奖消费者2000元现金。

由于买ELOK，送施工，的确具有较大的利益诱惑，加之消费者通过前期的铺垫，已经消除了部分疑虑。活动一推出，立刻引起了市场的反应，销售趋于火爆。

企业迅速编制了ELOK全程服务手册，对产品施工中的一些要点进行说明，通过大量发放给消费者，解决一些技术难题。

（五）体系支撑，服务硬碰硬

策略和传播解决的仅仅是问题的表象，更深入的东西要靠“服务的硬碰硬”。在被媒体曝光时，也把企业“服务”的薄弱环节暴露出来了，因此，借此次“全程百分百服务”工程的推出，理顺服务体系，增强服务质量，才是整改的核心所在：

1．由企业老总牵头，狠抓服务质量，成立服务质量监督委员会；

2．把原来由企业市场部下属的服务部门脱离出来，提高一级，成立技术服务部，直接由营销总经理主管。重新规划的技术服务部组织如下：

客户信息管理：主要负责对咨询和投诉电话的接听和记录、回复；

技术服务监督：上门指导或对施工技术指导人员进行监督，现场督察和电话回访等；

施工技术指导：可以在现场，也可以亲自到消费者家中进行指导。

在对组织重新规划后，企业制定了《客户信息管理工作手册》、《技术服务监督工作手册》、《施工技术指导工作手册》等工具文本。

（六）全程培训，提高工作的技巧和质量

对服务人员进行培训是提高其技巧和服务质量的关键环节，为此，制定了如下教程：

《技术服务规范教程》、《技术服务技巧教程》、《技术服务工作内容讲解》。

通过对服务部人员的全程培训，切实地保证了服务人员的基本素质，保证了服务质量的提高。经过企业内部的周密准备，企业推出的“全程百分百服务”工程得到有效的执行，且超越了竞争对手，最终解除了消费者的信任危机，也使企业的销售上了一个新台阶。

看似电话号码的调整问题，更重要的是缘自企业对服务的忽视和服务管理的弱化。解决服务的问题，从细节入手，追根溯源，找出问题的根本。

四、过程重于目标

我们羡慕每一个成功的人，然而我们却很少关心他们成功的背后的经历，孰不知，正是经历中这一点一滴的积累才造就了他们今天的辉煌。

王传福——经历造就辉煌

2009年，王传福以身价350亿元的身份跻身内地首富，我们羡慕他的成功，渴望像他一样成功。然而在王传福成功的背后，却是一点一滴辛酸、努力的积累。家境的贫寒、生存的磨难，磨砺了他坚强不屈的性格；对梦想的执著再加上敢想敢干的作风，带给他命运一次又一次的转折。希望我们的创业者在关注他今天成功的同时，多关注一下他成功背后的努力，以及这些历经磨难的成长经历，比我们只关注于他的成功要重要得多吧。

2009年9月28日，“胡润百富榜”公布了今年百富榜上的冠军和亚军。此次夺得榜单冠军的是比亚迪的创始人——王传福，他以350亿元的身价位列2009胡润内地百富榜之首。

1966年2月15日，王传福出生在安徽无为县一个普普通通的农民家庭里。虽然父母都是普通的农民，但是却培养了他刚强正直的性格和坚强不屈的精神。

王传福有五个姐姐、一个哥哥和一个妹妹，加上父母，一家十口人。王传福的父亲是一名技艺出色的木匠，入党后曾经担任大队党支部书记等职务。王传福父亲的思想在农村中是比较开明先进的，再加上他为人正直、乐于助人，在当地颇受尊重，也很有号召力。王传福的母亲则是中国传统的贤妻良母，常常教育他们兄弟姐妹做人忠厚本分。受家庭氛围的影响，八个子女们也都继承了刚强正直的性格和坚强不屈的精神。王传福一家十口人就靠父亲世代传下的木工手艺活为生，日子虽然过得比较清苦，但是一家人和和乐乐地在一起倒也过得美满，因此王传福的童年还算是比较幸福的。

但是王传福的少年时期就没有那么幸运了，他的人生先后遭受了一连串的打击。先是13岁时，父亲因为生病久治不愈而去世。家里一下子少了顶梁柱，经济状况开始每况愈下。王传福的五个姐姐先后出嫁，而妹妹被迫送给别人寄养，生活的担子一下子落到了哥哥王传方的肩上，哥哥为了赚钱养家被迫退学，开始了工作。没有了父亲的日子虽然很艰辛，但是母亲和兄长全力支持王传福读书。正是他们的辛苦劳作、殷殷期盼，并不断鞭策着王传福，使得王传福比其他同龄孩子显得稳重成熟，他比同龄的伙伴更加知道用功读书，争分夺秒地学习。因为他明白，家庭把很多希望都寄托在了他身上，他唯有以优异的成绩作为报答，才能对得起家人的关怀和付出。所以在他的心里永远有一条信念，那就是“永远要比别人做得好”。

但是祸不单行，正当王传福依赖母亲和哥哥的支持全力读书的时候，母亲又突然去世了。命运又一次给兄弟俩以最沉重的打击，从此他只有和哥哥相依为命。生活的苦楚，年少的王传福是尝够了。深受打击的他，只能每日沉浸在学习中，以此忘掉痛苦孤独。生活的苦难也让王传福养成了坚强、独立、强势的性格。正像王传福自己说的：“我什么事情都要自己去支配，什么事情都要自己去管。”父母留给一对兄弟的全部财产就是四间茅草房，但是父母给他们留下的精神影响却让兄弟俩受益无穷，在潜意识里影响着他们的一生。

母亲去世时，王传福正值初中毕业考试，王传福因此缺考了两门课程，没有考上当时热门的中专。人生的命运有时完全是偶然的，意想不到的一件事就有可能改变一个人的一生，王传福的一生就此发生了重大的转折。在80年代，中专毕业可以分配工作，因此是当时很多家境贫寒的初中毕业生的首选。王传福由于母亲的辞世，没有考上中专，但是他并没有放弃求学的机会，而是进入无为县一所刚建立的普通高中。这种偶然给了王传福进一步读大学深造的上升空间。

父母去世后，哥哥王传方成了王传福唯一的依靠。王传方从18岁担起生活的重任，无论生活多艰难，他都全力支持弟弟读书，不断地鼓励弟弟发愤图强。每当王传福看到家庭的困难和哥哥的辛苦，心里有所动摇时，哥哥却说：“再苦再累，卖房也要读书，只有读书才是唯一的出路。”长兄如父，哥哥不仅在生活上照顾弟弟，更教会他做人。“勤俭节约”、“要有志气”、“尽量花自己的钱”都是哥哥常说的话。而兄弟俩在最困难的日子也没有到已成家的姐姐家里过一个春节。所幸的是在母亲去世后，大嫂张菊秀踏入了这个遭遇不幸的家庭。她身上具有传统中国妇女的温柔体贴和勤劳朴实，让兄弟俩重新感受到了家的温暖。

王传福上高中的三年是整个家庭最艰难的时期，大嫂虽然是刚进门，但是从来没有享受过一天清闲，她天天都要为柴米油盐和照顾一家人的饮食起居而操劳。王传福从高中起住校，每周末回家向嫂子取10元的生活费。有一次，家里实在是没有钱，而嫂子又不舍得委屈王传福，就在村子里挨家挨户的借，最后才筹到不到5元的散票子。而后来在王传福考上大学时，哥哥将结婚时所带的一块“上海牌”手表和家里全部的新东西都送给了弟弟，并一路陪同他到长沙。并且在王传福求学期间，哥哥和嫂子又决定到弟弟上学的城市做生意，以便更好地照顾王传福。王传方一直承担弟弟的学费和生活费，直到他研究生毕业。手足情深，兄弟间的血浓于水的情谊一直延续至今。如今已经名动天下的王传福和兄嫂家对门而居，在生活上互相照应。在事业上，兄嫂也是全力支持着王传福，帮他掌管后勤部门，他们不仅为王传福的成长倾注了大量心血，也为比亚迪的成长立下了汗马功劳。

1983年，王传福以优异成绩考入长沙的中南矿冶学院冶金物理化学系，这个尝尽人间酸甜苦辣的少年终于没有被困难打倒，总算没有辜负家人的厚望，迈出了人生成功的第一步。

考上大学的王传福并没有骄傲，而是更加努力地学习，一心要把专业课学好。王传福起初的理想就是做一名科学家，因此他肯动脑钻研，学习成绩在班上一直名列前茅。正是他在大学期间的刻苦学习，为他未来的事业打下了一个良好的基础。中国香港风险投资公司汇亚集团董事兼常务副总裁王干芝评价说，王传福是他所见过的少有的非常专注的人，大学学的是电池，研究生学电池，工作做的还是电池。正是因为他对电池领域的一路坚持，所以才有后来所取得的巨大成功。

1987年进入北京有色金属研究总院攻读硕士后，王传福即开始对电池的研究，1990年硕士毕业后，留在该院301室工作，2年后，年仅26岁的王传福被破格提拔为301室副主任。1993年，研究院在深圳成立比格电池有限公司，由于和王传福的研究领域密切相关，王传福被任命为公司总经理。

在有了一定的企业经营和电池生产的实际经验后，王传福发现，作为自己研究领域之一的电池面临着巨大的投资机会。当时要花2万～3万元才能买到一部“大哥大”，而欲买者趋之若鹜。王意识到手提电话的发展对充电电池的需求会与日俱增。而在他看来，技术不是什么问题，只要能够上规模，就能做出大事业。1995年2月，王传福和他的表哥吕向阳一起创立了比亚迪，目前正在取代日本电池企业的垄断地位，成为第一流的电池生产商。2002年7月，比亚迪成功地在香港主板上市。

胡润研究院2009年9月29日公布今年王传福以财富人民币350亿元成为中国首富，其财富较去年增加290亿元，排名从103位上升到第1位。

企业的发展与人生成长都像攀登一座山一样，而找山寻路却是一种学习的过程，我们应当在这个过程中，学习笃定、冷静，学习如何从慌乱中找到生机。

相信自己拥有无限的潜能并永远将精力放在探索内在的自我和开发自己无限的潜能上头，而不是去抱怨环境，抱怨你无法改变的客观世界，在经历中一点一滴地开发自己，发现自己，你才能够成功。

五、胜负之征，精神先见

武王问姜太公，和敌人对阵，在战斗之前，如何辨别胜负征候。太公回答，从精神上便可察觉出来。明智的将军，必须特别注意这一点。

当我们生病了的时候，身体会向我们暗示身体出了问题，但我们要想知道问题出在哪里，就得去找医生。在创业过程中，明智的领导者就要学会做企业的医生，从点点滴滴的细节征兆中发现企业的问题与危机，适时的进行调整，使企业在正确的规道上运行。

齐晋之战

在齐晋之战中，齐侯和晋侯都想尽量了解敌情，但是在判断能力上却大有差距。虽然，胜负在战前的细微征候上已可以看出，然而，没有深刻洞察事物的能力，却不可能对形势做出正确的判断。

春秋时代，晋国军队进攻齐国，齐军在黄河边上的平阴设防迎敌。齐侯在双方交战一回合后，登山远眺晋军，以视察敌军动静。他看到敌军分成两路前进，并扬起滚滚尘土，向前方而来。如果齐侯是一位明智的、经验丰富的将领的话，应该看出左右两列扬起的尘土并不一致。可惜他不是名将，看到敌人派了大军来势汹汹，非常害怕，将军队撤回。其实，晋军的左列，才是真正的部队，而右边，只是遣一些平民举着旗子、拖着木柴扬起尘土用以夸大声势罢了。

仓皇逃逸的齐军，到了晚上，便无声无息地撤出平阴防线。在这一次会战中，由于将领判断失误，齐军不战而败。

晋军在平阴使用奇计来迷惑敌人，可能是因为他们早已预知，齐必定会选择平阴，作为防御的地方。然而，平阴虽背后靠山，并非险要之地，如果真正想要死守的话，绝不会选择这个地方。由此可以判断，齐国军队军心已经动摇。

天亮了。在晋军的阵营中，可以听到齐军阵地附近，有乌鸦快乐的叫声。乐师旷对晋侯说："听到了乌鸦的叫声，齐军显然已逃走了。"刑伯对中行偃说："马的叫声，越来越远，齐军可能已经逃走了。"叔向对晋侯说："城上有乌鸦停着，齐国当然是逃走了。"

一进入平阴，果然找不到任何齐军。这说明他们三位对于动静的观察，极为正确。

平阴之战，晋军及联军获得大胜，随后，晋军继续进攻，将齐都临淄城外的一些地方烧毁。齐侯认为已无法挽救败局，匆忙地逃往邮棠。

因为齐侯环的谥号为灵公，所以此后，人们在指称那些愚蠢的诸侯时，都称为灵公。齐灵公的愚蠢行为，成为千古笑柄。

创业中的企业管理者一定要牢记齐侯的教训，对强大的对手一

定要注意观察，准确地掌握其真正的动向，万不可被对手故意表现出的假象所迷惑，同时，自己的企业也要做到心中有数，千万不可未战先退，而是在精神上战胜对手，战胜自己。

骄傲的IBM

组织的衰落就像疾病：在早期很难察觉却很容易治愈；在晚期很容易察觉却很难治愈。一个组织可以从外部看上去很强大，但内里却已问题丛生、处在极速衰落的危险边缘。

1983年12月，摩托罗拉公司最后一台车载广播下线，并作为纪念品被送到公司前董事长罗伯特·高尔文的手里。它并不是一个煽情的纪念品，而是在提醒摩托罗拉的掌舵人要继续研发新技术和新产品，从而不断实现自我更新。

可惜的是，摩托罗拉仍像大多数优秀企业一样，沉迷于取得的成绩而变得故步自封。经过多年的成功运营，到了20世纪90年代中期，摩托罗拉将年营收从10年前的50亿美元猛增到了270亿美元，这也使得摩托罗拉人的心态从谦逊转为傲慢。

1995年，摩托罗拉对于推出的StarTAC款手机颇为得意，因为这是当时世界上最小巧的手机，也在业界率先推出了翻盖手机设计。但摩托罗拉却忽略了一个问题：当时的无线电话运营商正在将注意力转向数字技术。但是，他们对于数字化威胁毫不在意，“有4300万模拟信号用户，这个市场错不了。”

借用美国历史学教授卢夫斯·菲尔斯的说法，过度傲慢会让无知者付出代价。摩托罗拉的这种傲慢态度惹怒了贝尔大西洋等主流运营商，贝尔大西洋公司反击说："按你们的意思，如果我们不同意你们的条款，你们就不打算在曼哈顿卖StarTAC款手机吗？"

可以说，摩托罗拉的没落就是从狂妄自大开始的。作为昔日世界手机市场上的头号霸主，摩托罗拉曾经垄断了将近50%的市场份额，但到了1999年，其市场份额下降到只有可怜的17%。2001年时员工总数还有14.7万人，到2003年年底就已裁到只剩8.8万人了。

2010年10月，在46岁的印度裔工程师桑杰·贾出任摩托罗拉联席CEO的第8个月，他觉得，这家在接踵而至的坏消息中踉跄跌落的公司终于"燃烧殆尽"了。2011年8月15日，谷歌公司宣布将以每股40美元的价格并购摩托罗拉移动公司。这家昔日的手机霸主只能留在人们的回忆中了。

从1995年到2011年，摩托罗拉用了16年时间告诉世人：当我们变得傲慢自负，认为成功是理所当然的，忽略了最初成功的真正动因时，衰落就悄然降临了。

尽管在短期内，企业原先积累的力量在短期内仍会推动它继续前进。但是当成功者开始把自成功挂在嘴边，而不是深入发掘、洞悉成功的原因，那么衰落很有可能就会接踵而来。而在古希腊，人们谈及狂妄自大的时候，已经暗喻一个英雄将因为过于骄傲而折戟。

默克的贪婪

在企业开始盈利或者开始好转时，切忌不能心浮气燥，乱了方寸，忘了原则。然而人无完人，像默克这么大的企业都会犯这种错误，更何况小一些的企业，我们只有时刻提醒自己，尽可能少犯这样的错误，使企业立于不败之地。

滋生了目空一切傲慢情绪的心态，就会无节制地追求更多更大规模、更高增长、更多喝彩、更多随便什么被当权者视为“成功”的东西。在这种情绪下，公司就有可能偏离最初让它们变得伟大的创造力，进入在其中并不能成为卓越者的领域。

我们来看看默克公司的例子。1995年，董事长兼首席执行官雷·吉马丁在《致股东的年度公开信》中称：默克公司的首要目标是成为增长速度最迅猛的公司。

这让人感到奇怪，因为默克年销售收入将近50亿美元的5种药品到21世纪初就要失去美国的专利保护了。雷·吉马丁面对的是，公司要通过研发足够多的新药以实现在营收为250亿美元的基础上同样的增长或高速增长。对于默克这样一个主要依靠科技研发的企业而言，实现持续高速增长，难度非常大。

然而，默克对自己的业务前景仍然满怀信心。在公司1998年年报董事长致辞的第二段，你可以发现答案新型止痛药万络（Vioxx）。到2002年年底，万络的销售额已达到25亿美元。

但在2004年9月中旬，对患者进行安全监测的委员会却收到了联邦快递送来的“惊人数据”。默克年报中是这样概括这一结论的：“与接受安慰剂效应测试的患者相比较，在服用万络一年半之后，患者患心肌梗死和中风等心血管疾病的风险会增加。”

当雷·吉马丁得悉这一消息后，他说："这让我震惊万分。"不过，在一周内，雷·吉马丁就作出了英明果断的决定，主动让万络下架。此消息一出，默克公司的股价立刻从每股45美元急跌至33美元，一天之内总市值就蒸发了250亿美元。到了2004年11月上旬，当每股股价跌至26美元时，投资者又损失了整整150亿美元，这也意味着在短短6周内，默克市值已经缩水400亿美元。

默克公司因为忙于扩大规模，忘记了当初成就自己卓越事业的使命。1950年，乔治·默克二世清楚地表达了公司的使命："我们永远都不要忘记，药是为人服务的，而不仅仅是为了赚钱。如果谨记我们的目标，那么利润自然会滚滚而来。"

每个企业在衰败之前，都会有些微妙的征兆。这些征兆潜伏在企业的机体内，通常不被人发觉，但事实上，正是由于这样的忽视，而导致最后惨痛的结果。中国从来都不缺乏管理方面的理论，但恰恰没有一种理论，是在事发之前就能准确预见企业的危机，并提前治病救人。而我们要探求的，就是像扁鹊见蔡桓公一样，从那些微妙的细节中，第一时间找出"君之病在腠理"，对症下药，并消除那些可能导致企业衰败或死亡的隐患。

任何一个企业都无法逃过盛衰起落的客观规律，任何一个企业或许都存在或多或少的残缺和不够完美，其实这些都不可怕，可怕的是我们长期以来形成的麻痹和惰性。因为，隐患就像疾病：在早期很难察觉却很容易治愈；在晚期很容易发现却已经很难治愈。一个组织也许从外部看上去很强大，有可能内部却早已出问题，处在极速衰落的危险边缘。

六、紧扣细节，将“游击战”进行到底

五谷道场，一个曾经凭“拒绝油炸，留住健康”，到“非油炸，更健康”这两句广告语在2005、2006年的方便面市场上从默默无闻到声名大振，以至于康师傅、统一等江湖大佬们坐卧不安，将其视为眼中钉、肉中刺非欲先除之而后快的“搅屎棍”。却在接下来的两年中内外交困、四面楚歌，最后落得个兵败如山、黯然破产的结局。其兴也忽也，其亡也速也，何故？

五谷道场——悲情化的差异英雄

五谷道场可以说从其面市的那一天起，就是以离经叛道的差异化脸谱而著称于世。

2005年初，五谷道场启动之际，时任项目常务副总裁的任立在自身项目相比康师傅、统一、华龙等竞争对手于人才、资金、渠道等多方面都不占优势的情况下，为了在市场竞争白热化，终端拼争刺刀见红的方便面市场中能占有一席之地，只能概念先行，差异制胜。

2005年11月底，五谷道场极具差异化的广告语——“拒绝油炸，留住健康”——开始出现在央视。几乎一夜之间，牛气哄哄的广告片出现在各个主流媒体；紧跟着，五谷道场在全国12个中心城市集中上市。接下来的六个月中，五谷道场在获得品牌知名度快速提升与销量快速增长的情况下，销售队伍也迅速扩张至2000多人。

平心而论，五谷道场在最初的定位和传播语方面，确实堪称经典。它立足于自己非油炸的特点，针对竞争对手都是油炸方便面这一普遍现象，利用消费者越来越崇尚绿色健康的渴望和需求，借势上半年吵得沸沸扬扬的“油炸食品可致癌”等热点，旗帜鲜明地提出“拒绝油炸，留住健康”。对于竞争对手来说，这真是个大麻烦。它们若不予回应，便等于承认五谷道场宣传的口号；他们若是给予回应，等于变相地参与到五谷道场扬名立万的炒作中。并且，他们自身限于生产工艺和市场既得利益，没办法更不愿意进行转换。否则就只能跟着五谷道场的步调而节节被动。五谷道场这一手真可谓：攻敌其必救而难救。狠，就一个字。

与此同时，国内各大媒体和营销策划机构纷纷给予各种褒奖，大有夸之唯恐不及、赞之唯恐不尽的意思。仿佛不如此，便不足以显示自己能慧眼识英雄，赶不上最新营销舆论潮流。这为以后五谷道场衰败时，又是各路英雄纷纷对其给予各种批判形成鲜明对比。仿佛不如此，便不足以显示自己早料到当初极力赞扬的对象会有今日败。这让人再次感慨——“成王败寇”的金科铁律颠扑不破。

五谷道场的操盘手任立和投资人——中旺集团董事长王中旺在形势一片大好、要将项目往纵深推进的时候，两人在观点上出现了根本性的分歧——任立认为当初自己蓄意挑起油炸与非油炸谁更健康之争，目的是要借与领导品牌的争论快速地提高自身知名度，现在目的已经达到。此时应该尽力淡化争论，转向正常的营销模式，把精力重点放在渠道建设和产品研发上去；并且五谷道场价格定位是中高端，而中旺集团原有的方便面品牌主要定位于中低端，应该把二者的渠道和品牌宣传独立分开，这样比较合理。很不幸的是，王中旺却认为此时“宜将剩勇追穷寇，不可沽名学霸王”，应该尽全力穷追猛打，争取直捣黄龙，一战定江山。同时，要把中旺的企业文化和品牌形象移植到五谷道场公司中。毫无疑问，将帅之间的矛盾根本无法中和。

接下来的事情是：任立出走，王中旺亲自操盘。五谷道场大肆扩张，市场销售却入不敷出，最后被迫破产拍卖，大好江山付之东流。掩卷遐思之际，不禁暗问——何处错？谁之过？

五谷道场——仔细看其实并非那么美

（一）五谷道场产品力不足以强势支撑广告概念

五谷道场和那些油炸方便面的知名品牌相比较，它口感上未必比油炸方便面强多少，营养上谈不上比油炸方便面丰富多少，即便是健康问题上也比油炸方便面强不了多少，价格上却因生产工艺问题较油炸方便面贵不少。那么我们忍不住问一句：它真的是一款针对油炸方便面具有颠覆性意义的替代产品呢，还是仅仅就是一个概念产品？从目前非油炸方便面的发源地日本来看，非油炸方便面经过多年的经营和发展，充其量也不过占方便面总体市场份额的15%。难道作为五谷道场的公司老板和操盘手，真的不清楚这一点吗？

如果你真的明白且清楚，五谷道场并不是一款针对油炸方便面的革命性更新换代产品，那么你在自身资金、团队、渠道、公关、社会资源各方面都处于劣势的时候，在前期为了在竞争白热化的市场中杀出一条血路而不得已提出强有力的差异化概念支撑，已经达到了目的后，为什么还要在此上面死死纠缠呢？

你若能在得势且自身并不是很强壮的时候，稍微给对手留一些余地，其实也是个自己找个体面的阶梯下台。你若是仗着暂时得势不饶人的心态，非得苦苦相逼致人死地，那么别人剩下的唯一选择就只能是跟你血战到底，不死不休。

（二）五谷道场品牌忠诚度并没有自己想象中的高

五谷道场的广告语确实有让人眼前一亮的感觉。但是真正消费者在最后购买后，有多少人吃了这款面后评价依旧评价极高？有多少人是抱着猎奇的心态进行偶然尝试？有多大比例的一部分人在进行重复消费？他们这部分人在所有的方便面购买人群中所占的比例大约是多少，消费总量大概是多大？品牌知名度具备之后，品牌美誉度和忠实度的情况到底咋样？

针对方便面这样一个成熟且微利的行业，央视巨额广告费用，各地办事处人员和物料开支，各大超市卖场的进场费，生产线扩张的成本费用等等，到底应该限定在一个什么样的范围内比较安全与合理？如果仅凭前期市场上短暂的销量作为以后的判断，可能其中就蕴藏着巨大的危机。当年百事可乐的透明可乐上市后，众多消费者也是抱着猎奇的态度进行尝试，透明可乐短期内销量喜人，导致各大媒体和宣传机构的纷纷追捧和赞扬，百事可乐公司自己也不禁沾沾自喜。但经过前期的喧嚣和猎奇后，市场销量逐节下降，百事公司不得已最后只能偃旗息鼓停了这款产品。

（三）五谷道场资金、渠道、人员较竞争对手的不足

五谷道场凭借前期的广告和争议快速扬名后，有关渠道建设的问题应该马上就会浮现出来。五谷道场真正在广告传播费的利用率有多少？各种渠道上的可见度有多高？渠道建设的支出费用到底应该要多大？各种运营人员的专业技能、职业素养怎么样？

五谷道场资金实力较康师傅、统一等业内知名品牌更弱，这已是不争的事实；渠道建设、专业市场运营人员较竞争对手更匮乏等

都是客观的现状。在这种自身资金、渠道、人员等各方面都不足的情况下，贸然向对手发动全方位的进攻，而且是冒天下之大不韪，公然与整个行业作对，其悲情英雄的角色其实早在最高决策者做出攻击指令的那时就已命中注定。

综上所述可知，五谷道场只是一个并不足以能够真正起到更新换代作用的颠覆性产品。它只是凭着外在具有争议性的概念与业内知名品牌的论战，快速地达到了扬名立万的目的。其实真正的产品力并不能足以支撑它外在的概念而对整个油炸方便面市场进行颠覆。那么它聪明的做法应该是打左灯，向右转——扛着“非油炸，更健康”的牌子，却不必要这这上面死死纠缠，虚晃一枪后将自己当成一个普通的方便面似的来经营。把精力主要集中在渠道建设、品牌维护、人员培养上。一步一个脚印的夯实自己的地盘，实为上策。任立当初的建议和判断实在是正确无比，只可惜王中旺当时代表着资本的最后话语权。

从战略角度看五谷道场犯下的错误

毛泽东——抓战略主要抓两点，一是抓主动权，二是抓战略方向。

按毛泽东的说法来理解和把握战略的话——战略总的来讲就是在把握住大的竞争方向后，然后在战争的过程中尽一切办法和措施来争取和落实战争的主动权。

众多名家在讨论五谷道场失败的原因时，很多人把问题归咎于它前期树敌太多，应该如何如何等等。可时至今日，五谷道场前期市场开拓的口号和策略仍然让人觉得都非常棒。

五谷道场自身的广告语中已经很清楚地点明了自己的产品属性范畴——非油炸方便面；五谷道场的价格也相对油炸方便面较高一

些，这就决定了在整个中国目前消费力的现状下，它决不可能在短期内成为市场的主流产品。事实上在非油炸方便面的始源地日本，非油炸方便面在一个整体消费力水平较高的市场，经过多年的苦心经营占整个方便面的市场份额也不过15%。五谷道场原董事长王中旺却说要让五谷道场在今后占到中国整个方便面市场份额的60%以上，似乎是有些在前期胜利的冲击下过于乐观了。

五谷道场生存和发展的前提基础是：用游击战的打法，在康师傅、统一等众多知名油炸方便面的势力地盘中跳出来，另外划出一块地盘——非油炸，并且好好地将非油炸这块地盘经营好，成为这个山头的老大。至于那个“非油炸，更健康”的广告语，它一方面是为了将自己鲜明地定位于“非油炸”范畴内，另一方面是以“更健康”为由头引起消费者和竞争对手的关注。在消费者的关注中与竞争对手展开争论，最后达到自己快速成名的手段和工具罢了。但自己却万万不可沉迷于这种手段和工具之中而将其当成自己能取得最终胜利的法宝，那样最终吃亏受伤的只能是自己。

无论如何，原来的五谷道场从产品力、资金、渠道、人员等各方面的综合实力而言，都不足以支撑自己和强大的竞争对手打一场？资源和能力与自己选择的作战方针和路线不具备匹配性。

很显然，五谷道场错误地将一场已经取得局部胜利的“游击战”贸然改为全方位的正面“攻击战”，在大的战略方针和路线选择上犯下致命的错误。其结局必然是类似于当年国民革命战争时期，红军在牢牢地立足于自身的大本营而运用游击战取得前四次胜利，形势一片大好之机，却在第五次反围剿中飘飘然地选择了错误的战略方针，要想“用两个拳头打人”“御敌于国门之外”，和敌人硬碰硬地展开全方位竞争一样以失败告终。

假想：为五谷道场“支招”

扛着“非油炸，更健康”的牌子，将自己当成一个普通方便面似的进行常规营销的扎实经营，打左灯，向右转；立足于自身“非油炸”这块根据地好好地经营，争取做到“高筑墙，广积粮，缓称王”，紧扣细节，将“游击战”进行到底。

隆重推荐

书名：《传奇林绍良》
著者：何南
责任编辑：李生 周晏
书号：SBN：978-7-80250-600-8
出版社：中国言实出版社
出版时间：2012.1
定价：36.80元

内容简介：

林绍良本身的个人奋斗也是重要因素。林绍良曾对人说：一个人的创业，一半靠机遇，一半则靠个人奋斗——这是他事业成功的写照。林绍良善于摸清市场和顾客的变化，改变经营方针：“生意成功的秘诀，是要为顾客服务，赢得顾客的信任。”

林绍良自己曾十分感慨的说：“自己所学不多，本无力量经营如此庞大的企业，现今之所以能有所成就，主要是善于选择共事的伙伴。”

隆重推荐

书名：《传奇邵逸夫》
著者：何南
责任编辑：李生 周晏
书号：ISBN：978-7-80250-602-2
出版社：中国言实出版社
出版时间：2012.1
定价：39.80元

内容简介：

本书正是以邵逸夫先生为传主，辐射邵氏家族及邵先生周围的人与事。作者查阅了大量的资料，去粗存精，去伪存真，详实客观地介绍了邵逸夫先生其人及与他相关的人与事。既有极强的历史性，又有较强的可读性。通过该书，读者既可以了解当时大的社会背景、历史变迁，又能了解邵先生丰富的人生阅历与精彩绝伦的内心世界，不唯能受到美的陶冶，更能受到精神的激励。

《都市情感杂“质”》：故事五彩缤纷，道尽人生酸甜苦辣咸

隆重推荐

书名：《都市情感杂“质”》第1辑
著者：梅剑飞
责任编辑：李生 周晏
书号：ISBN：978-7-80250-553-7
出版社：中国言实出版社
出版时间：2011.9
定价：29.80元

隆重推荐

书名：《都市情感杂“质”》第2辑
著者：梅剑飞
责任编辑：李生 周晏
书号：ISBN：978-7-80250-556-8
出版社：中国言实出版社
出版时间：2011.9
定价：29.80元

隆重推荐

书名：《都市情感杂“质”》第3辑
著者：梅剑飞
责任编辑：李生 周晏
书号：ISBN：978-7-80250-558-2
出版社：中国言实出版社
出版时间：2011.10
定价：29.80元

隆重推荐

书名：《都市情感杂“质”》第4辑
著者：梅剑飞
责任编辑：李生 周晏
书号：ISBN：978-7-80250-557-5
出版社：中国言实出版社
出版时间：2011.10
定价：29.80元

《都市情感杂“质”》由中国互优网策划，中国言实出版社出版，并于2011年9月正式上市。这是一部记录男女情感的系列丛书，作者用朴实真挚的文字，给我们讲述了一个又一个发生在身边的爱情故事。每一篇都是五彩缤纷，道尽人生酸甜苦辣咸。最终目的，是让深陷情苦中的你我得到一个希冀许久的答案，乐观勇敢的生活下去。爱情？爱情是，你就是我的注定。爱是为爱过的人祝福，为爱你的人珍重。读这些故事，读到城市感情的律动。

读别人的故事，走自己的道路。

新书推荐

书名：《传奇赌王何鸿燊》
著者：何南
责任编辑：李生 周晏
书号：SBN：978-7-80250-700-5
出版社：中国言实出版社
出版时间：2012.1
定价：39.80元

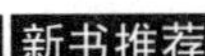

书名：《50位企业家的第一份工作》
编者：布衣
责任编辑：李生 周晏
书号：SBN：978-7-80250-589-6
出版社：中国言实出版社
出版时间：2012.1
定价：35.00元

新书推荐

书名：《创业游击战》
编者：布衣
责任编辑：李生 周晏
书号：SBN：978-7-80250-590-2
出版社：中国言实出版社
出版时间：2012.1
定价：35.00元

新书推荐

书名：《女教师的忧郁微博》
著者：何南
责任编辑：李生 周晏
书号：SBN：978-7-80250-673-2
出版社：中国言实出版社
出版时间：2012.1
定价：36.00元

新书推荐

书名：《都市情感杂“质”．第5辑》
编者：榕树下
责任编辑：李生 周晏
书号：SBN：978-7-80250-672-5
出版社：中国言实出版社
出版时间：2012.1
定价：29.80元